JN068042

初心者からプロまで一生使える

FX

チャート分析の

教科書

鹿子木 健
Kanakogi Ken

SOGO HOREI Publishing Co., Ltd

はじめに

　本書を手に取っていただき、ありがとうございます。

　度重なる経済危機、天災、そして国民負担率の右肩上がりの増加。年功序列制度はすでに過去の遺物となり、正社員としての働き方がスタンダードであった時代も過ぎ去ろうとしています。

　私たちは起業、副業、フリーランス、インフルエンサーなど、この時代を生き残るためのさまざまな選択肢を突きつけられていますが、多くの人はこれまでの生活をつづけながら、戸惑いを感じつつ新しい波に乗れないでいることに焦っているのではないでしょうか。

「これまで通りでは生き残ることはできない」

　それは否定しがたい事実だとしても、起業や副業は煽られてやるものではないし、今の仕事以外に特にやりたいことや特別な能力もないように感じる。

　そもそも失敗するのが恐い。もっと別の道もあるのではないか……。そんなことを考えている人のほうが多いのが現実なのではないでしょうか。

「プログラミング技術もSNSやブログ記事を書く文章術も必要ない。特別な情報も必要ない。高度なコミュニケーション能力も必要ない。スキルを学べば学んだ分だけ成績に反映される」

　そんなお金の稼ぎ方があります。それがFX（Foreign Exchange ＝外国為替証拠金取引）です。

　FXは投機的な性格が強い「危険なギャンブル」であるとのイメージが広がっています。

　確かに投機的な側面もありますが、正しい方法で運用することができれば、FXは危機の時にこそ私たちの味方になってくれる頼もしい技術

だと私は考えています。

　金融危機、社会制度の変化、世界規模の災害が起こった時、通常は経済的打撃を受けてより貧しくなっていきます。

　FX を味方につけることができれば、そんな危機の時にこそ収入を増やし、資産を増やすことが可能になります。

　経済危機、金融危機、また世界情勢の大変動は、富の移動を起こします。

　富の移動、それは富をつかむチャンスでもあります。

　富が移動する時に、持っていない富まで奪われてさらに格差に苦しむ立場に追い込まれるか、富をつかんではい上がるかは、準備できているかどうかで決まります。

　外国為替市場では1日500〜600兆円もの資金が動いています。FX トレードは、その莫大な富に直接アクセスできる手段です。市場からほんの一部でも利益をいただくことができれば、大きなインパクトになります。

　ただし、あわてて取引を始めることだけはやめてください。

　また、起業や副業と同じく、自分には合っていないなと感じたら損する前にやめることが大事です。

　FX では8割から9割の無知な個人投資家が損失を出して市場から撤退します。勘に頼って取引したり、基本を学びもせずに相場に飛び込んだりするのは自殺行為です。

　まずは本書でしっかりと学ばれることをお勧めします。

Contents もくじ

Chapter 3 チャート分析の基本

Chapter 4 相場を利益に変えるための テクニカル分析

Chapter 5 勝ちパターンを構築しよう

Chapter 6　実戦！ FXトレード・シミュレーション

Chapter 7　これを避ければ勝ちに近づく チャート分析の間違い集

Chapter 8　誰も教えてくれなかった デモトレード活用法

Contents

カバー・本文デザイン　中西啓一
DTP・図表　横内俊彦
図表　別府 拓（Q.design）
　　　小松 学（ZUGA）

Chapter

1

FXを始める時に
スキップしてはならないこと

暴走しない決意をすること

　FXと聞くと、ギャンブルを連想する人が多いようです。「FXで大損して財産を失った」という話を聞いたことがあるからかもしれません。確かに大損した人もたくさんいるでしょうし、財産を失った人もいると思います。

　FXは「暴走しやすい」投資です。ただし、相場が暴走するのではなく、取引する人（トレーダー／投資家）が暴走するのです。

　投資などをやったことがない人や金融の勉強を一度もしたことがない人でも、簡単に口座を開けてすぐに取引を始められるのがFXです。

　60km／hを制限速度とする道路を200km／hで走り、死亡事故を起こしたというニュースを見たら、どう思うでしょうか？
「車はやっぱり危ない。明日から車に乗るのをやめよう」と考えるでしょうか？　実際は、「安全運転すれば大丈夫。でも気をつけなきゃな」と受け止めるくらいだと思います。

　FXで大損している人たちは、暴走しています。暴走が日常的になってしまっている人が、FXトレーダーになんと多いことか。残念な現実です。しかし、堅実に取引して、しっかり利益を得ている人たちも少なくありません。

　最初に、FXで暴走しないためのお話から始めましょう。

　まず、以下の４つが主な暴走の原因です。

〔暴走の原因〕
　①勉強しないで始めてしまう
　②いつも大儲けを狙う
　③一攫千金を求める

④スリルを求める

　私のまわりできちんと稼いでいるFXトレーダーの皆さんは、日常的に大儲けを狙うことをせず、リスクを管理して、スリルも味わわず、地道な作業を毎日くり返しています。

　そう、FXは趣味でもなければギャンブルでもない、スリルを味わうものでも楽しむものでもないのです。

　FXトレードの実際の作業はとてもつまらないと感じるものです。1日中地道な作業を続けることは苦痛以外の何物でもありませんが、毎日少しの時間（1日1回30分程度）を取引のために使えれば、いわゆるスイングトレード（短～中期投資）という投資は可能です。

　またモニターを何枚も並べて、世界各国の経済指標を分析し、チャートを常に観察しながら売買をくり返す。そんなカッコいい姿をイメージしている人は、そのイメージを捨ててください。

　FXトレードとは泥臭い単純作業であり、「つまらない」作業です。

　でも、わずかな時間で利益を得ることができます。

　また、一度身につければ、ずっと使える技術。それが相場から利益を得るトレードスキルです。

　そういう意味では、相場で勝つ技術は、自転車に乗る技術のようなものだと思います。一度身につければ、体が覚えてしまうので、忘れることはありません。

　トレードとは、相場が良い時には利益になり、相場が悪い時には損失になるような、自分の命運を相場に託すような、他力本願的な「賭け」ではありません。

　相場がどんな状況であるかに関係なく、自分のスキルによってある程度またはそれ以上にコントロールできるものなのです。

一攫千金がなぜいけない？

　FXで一攫千金を狙う人がいます。初心者の頃は、お金を稼ぎたくてFXをしているのですから、「とにかくたくさん儲けたい！」という心理に支配されがちです。

　一攫千金を狙う心理は、自分自身の欲や心の弱さからもきていますが、外的要因に刺激を受けて誘発されている側面も大きいです。

　一攫千金を狙えるというセールス広告などがそれです。また、相場がどんどん上昇している時に「この上昇に乗れば大儲けできるかも!?」、暴落相場などでは「この下落で売れば大儲けできる!?」などと考えてしまいます。

　相場に刺激されて、自分を見失ってしまう人がいます。一攫千金を狙う考えは、本当にFXで稼ぎたいのならば早々に捨て去ることです。

　失敗して相場から退場する人がこんなに多いのは、やはり一攫千金の誘惑に負けた人が多いからではないでしょうか。

　では、一攫千金がなぜダメなのか？

　たまたま一度くらいは成功するかもしれませんが、くり返し一攫千金の取引が成功するはずがありません。

「○万円を○億円まで増やした」という人も、その後、何千万円、何億円という金額のロスカット（損切り）で、あるいは強制ロスカットされて、全財産を失ったという話をよく聞きます（誇張ではなく本当によく聞きます）。

　それは、一攫千金が体に染みついて、忘れられないからだと思います。癖になってしまえば、大金を賭けることは麻薬のように中毒性があるので、失敗してすべてを失うまで一攫千金を狙い続けてしまい、途中でやめられなくなります。

　一攫千金を狙うようなギャンブル的な行為をしないためには、目標を
明確にすることが必要です。

　つまり、「FXで何をかなえたいのか」ということです。

　収入を5万円でも増やせれば良いのか、まとまった資金をつくりたい
のか、老後の生活資金として年金にプラスして収入を得たいのか。

　あるいは夢をかなえたいのか。また、人生を変えたいのか？

　自分が何を達成しようとしているのかによって、行動は変わってきま
す。なんとなく「お金が欲しい」でFXを始めても、目的がなければす
ぐにFX自体が目的になってしまう（つまり中毒になってしまう）し、
一攫千金の誘惑に負けてギャンブルをしてしまうでしょう。

　目標があるなら、その目標に向かって勉強もできるし、練習もできる
し、地道な作業にも取り組むことができます。

チャート分析でしか稼げない

個人投資家が投資で勝つには、チャート分析の技術習得が最短距離です。もちろん、チャート分析は万能ではありません。投資をチャート分析で100％カバーできると考えるのは極端であることを私もわかっています。

しかし、チャート分析以外の方法を駆使したとしても100％カバーすることは不可能です。むしろ投資で大事なのは、いかに余計な情報や雑音をシャットアウトし、本質を見失わないようにするかということです。

正しい判断の助けとなる情報をひとつ増やすことよりも、間違った判断を誘引する情報を100排除することのほうが簡単です。

チャート分析は技術（スキル）なので、学習して練習すれば確実に上達していきます。

技術を学習しないということは、運や勘に頼るということです。それでは、たまたま勝つことはあっても、収益を上げ続けることはできません。

チャート分析は難しいと思っている人も多いかもしれませんが、まじめに取り組めば誰にでも習得できます（誰でも儲かるとは言っていません）。

チャート分析のために、何枚ものモニターを同時に並べる必要もありませんし、1日何時間もモニターを眺めている必要もありません。

さまざまなテクニカル指標に精通し、オタクのようにすべてのテクニカル指標を研究し尽くす必要もありません。

大事なのは本質です。そして、基本です。

大事なことですが、チャート分析とテクニカル分析は違います。
チャート分析は値動きの分析です。

　過去の値動きを分析して、これからどのように動く可能性があるのか
を考えるのです。その値動きの分析のために、便利な道具としてテクニ
カル指標があります。

　テクニカル指標を使ってチャートを分析することは良いことですが、
チャートがわからずに、いきなりテクニカル指標に行く初心者が多いの
で、ここは順番を間違えないようにしたいものです。

　　相場の値動き　→　チャート分析　→　テクニカル指標

の順です。

　チャート分析とは別に学ぶべきものとして、「資金管理」があります。

　資金管理を一言で言えば、「損失をいかに制限し、利益をいかに伸ば
すかという考え方と技術」です。

　損失を制限するだけでは不十分ですし、利益を伸ばすだけでも不十分
です。どちらも大事にすることが必要です。資金管理については、あと
で説明します。

　そして、入口と出口の設定です。FXトレードで利益を得るためには、
相場がわかっているだけではダメです。

「上昇するのがわかっていて買った。実際に上昇したのに損失を出した」
「下落すると思って売った。実際に下落したのに利益になっていない」

　そんな経験をする人が多いです（**図1**）。なぜかというと、入るポイ
ントと出るポイントを学んでいないからです。

　トレードは勘だけでするものではないことは、皆さん、もう十分わか
っていると思います。入ること（エントリー）と、出ること（イグジッ
ト）も技術です。勘で当てるものではありません。

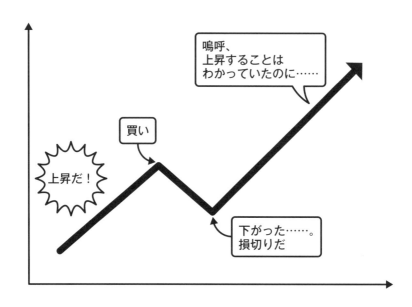

図1

　FXトレードで利益を得られるようになるために、学ぶべき実践的な技術は次の3つです。

・**相場の分析（チャート分析とテクニカル指標）**
・**資金管理の方法（減らさない方法、増やす方法）**
・**入口と出口の設定（売買と決済のタイミング）**

　この3つすべてを学ぶ前に取引を始めてしまうと、不本意な損失をくり返してしまい、相場から退場しなければならなくなることでしょう。

確実に稼ぐなら準備を怠らない

　FXで失敗しないために大事なことは、準備を怠らないことです。

　FXは最短3営業日くらいで口座を開設でき、口座に入金するのも即時に可能です。すぐに取引を始めようと思えば、いくらでも始めることができます。

　まずはやってみないとわからない。そう思って預金の一部を入金し、チャートを見ながらなんとなく上がりそうな通貨ペア（交換する2国の通貨）を買ってみる。どのくらい買えば良いかわからないが、10万通貨と書いてあるから10万円くらいだろうと思って買う量を決める（10万通貨は、通貨ペアにもよりますが、およそ1000万円くらいです！）。

　すると数分後に上昇して、みるみる利益が増えていく。よし、ここで決済！　と決済タブをクリックしたら〇〇万円儲かった！

　そんな経験をした人もいるでしょう。一度味を占めたら、取引にはまっていきます。「自分には才能があるかも」と勘違いして取引をくり返していきます。レバレッジの意味もわからずに。

　ビギナーズラックは最初だけで、取引をくり返せばくり返すほど損失を出し、証拠金はどんどん減っていきます。

　証拠金がほとんどなくなってから、預金からさらにFX口座に入金。取り返そうとして、運に任せるような博打的な取引をし、また負けて資産を失って後悔……。

　そんな情景が浮かびます。

　失敗する人たちに欠けているもの、それは「準備」です。

　準備もせずに、いきなりトレードを始めて「うまくいくだろう」など

と考える人に、FX をやる資格はないと私は思います。

　投資銀行の元ディーラー、投資歴何十年の猛者（もさ）、現役のファンドマネージャー、そんな人たちも参加しているのが外国為替市場です。
　彼らもいつも勝てているわけではありません。資金を溶かすプロ、クビになるディーラーなどの存在は、この世界がいかに難しいかを物語っています。
　FX を始めたばかりの初心者が勝てると思うのは愚かなことです。
　自分に才能があると勘違いするのは論外ですが、そもそも運だけで勝てると考えるものは投資ではありません。

「始めてすぐに毎月５万円の利益」ということを夢見る人がいますが、そんなことは起こりません。
　ブログでも、YouTube でも、アフィリエイトでも、その他どんな副業でも、キャッシュを生み出すようになるまでには時間がかかります。勉強が必要で、練習も積み重ねも必要です。
　FX でもそれは同じことです。
　先ほどあげた、FX トレードで利益を得られるようになるために学ぶべき実践的な事柄の前に、基礎的な準備が必要です。
　多くの人は、いきなり難しいテクニカル分析を学ぼうとします。表面的なテクニカル分析の知識だけは豊富になりますが、本当に大事な基礎を理解していないので、相場で負けていきます。

　では、その基礎的な準備とは何でしょうか？
　それは次の３つです。

　１．FX の仕組みを理解すること
　２．チャート分析の基本を学ぶこと
　３．取引の練習をすること

まず、準備期間は「1年間」必要です。

すぐに取引を始めてはいけません。すぐに始めたほうが上達すると感じるかもしれませんが、ノウハウもなく始めたトレードは身になりません。むしろ、検証不可能な無駄な経験ばかりを積み重ね、セルフイメージを下げ、悪い癖をつけてしまうので、百害あって一利なしです。

少なくとも1年間は準備期間、学習期間と割り切りましょう。運に頼るのではなく技術を磨くのです。

個人投資家は、チャート分析の技術を習得することでしか稼ぐことはできません。金融業界で働いたことがあったり、ビジネスパーソンとして自分に自信があったり、日経新聞などを毎日読んでいて経済には通じているとの自負がある人は、特に気をつけたほうが良いです。そんなことは何の役にも立ちません。

日経新聞を読む人が相場で稼げるなら、誰でも稼げているはずです。金融やビジネスでの経験も、むしろ邪魔になることもあります。

初心者も、金融経験者も、同じです。ハンデはありません。1年間学ぶことで、勝ち組トレーダーになれる可能性が高くなります。

ほとんどの人は我慢できずにすぐに取引を始めてしまうので、ここで差がつくのです。

上手な情報収集法

　次に情報収集の方法です。

　投資の情報収集と聞けば、「日経新聞を読む」「有名な経済アナリストの分析記事を読む」などを思い浮かべる人がいるかもしれません。

　しかし、そのような方法で情報収集したつもりになっている人は、うまくいかない人です。

　なぜなら、それらはすべて二次情報だからです。

　二次情報とは、特定の個人や組織の解釈によって伝えられる情報のことです。いまどき「新聞やアナリストは中立で客観的な情報しか書かない」と思っている人はいないでしょう。テレビやインターネットも含め、誰かがその人の解釈（つまり色眼鏡）を通して出している情報は、頼りになりません。頼ってしまうと、弊害が大きいです。

　その理由は3つあります。

　ひとつは、説明を聞いていると「わかったつもりになってしまう」からです。

　2つ目は、「自分の頭で考えなくなること」です。

　情報収集の方法は、一次情報にあたることを原則とします。誰かの解釈の混じった二次情報は、勉強のためには役に立つこともありますが、相場判断のためにはむしろ判断を歪めてしまうことのほうが多いです。

　典型的な勘違いは、「自分は毎日、日経新聞を読んでいるから経済のことはわかっている。相場のこともわかるはずだ」という思い込みです。

　日経新聞を読んでいても相場はわかりませんし、むしろ日経新聞が「暴落、底が見えず」と書いた時が底だったりします。

　二次情報が良くない3つ目の理由は、二次情報は「政治的または経済

的な意図や目的を持って発信されたもの」であることがほとんどだから
です。

　意識して政治的、または経済的な意図を持っているつもりがない場合
でも、無意識にバイアスがかかるのが人間です。自分の立場を正しいと
思ってしまう傾向があります。好きな人のことは悪く言いにくい、嫌い
な人のことは正しいことを言っていても悪く思ってしまう、などの傾向
もそうです。

　では、私たちはどこから情報を取るべきか、以下に書きます。

①相場そのものから情報を取る

　ドルに関する情報が欲しければ、ドル／円だけでなく、ユーロ／ドル、
ポンド／ドル、ドル／スイスフラン、豪ドル／ドル、ドル／カナダドル、
NZドル／ドルなども見る。

②中央銀行や政府から情報を取る

　間接的な情報ではなく、中央銀行が発表した指標（政策金利、金融政
策、財政政策、その他）を直接見ることです。また、政府の公式発表に
直接あたることです。

　政府の発表をすべて信じろというわけではありません。政府の公式発
表の裏には当然、その意図や目的、何を伝えたいか、また何を伝えたく
ないかが隠されています。

　しかし、誰かの解釈の入った二次情報にあたってしまうと、政府の意
図に加えて解釈者の意図も入ってしまい、混乱してしまうからです。

③各種指標（データ）にあたる

　統計（数字）は嘘をつきません。各種指標、統計に直接あたることは
大事です。ただし、統計を見たからといって、取引で勝てるかどうかは、
別の話です。統計を直接見れば、踊らされることはないという利点と、
自分の頭で分析しシナリオを立てられるという利点があります。

Chapter 1　まとめ

- ●最初の行動は、暴走しない決意をすること
- ●一攫千金を狙う欲を捨てること
- ●個人投資家はチャート分析の技術習得だけが稼げる方法
- ●FX習得のための準備期間を１年間取ること
- ●二次情報ではなく一次情報にあたること

Chapter
2

外国為替市場と
FX投資の仕組み

なぜ為替変動が起こるのか

　FXは、為替変動を利用して利益を出す投資です。為替変動がなければ、利益にすることはできません（もちろん損失にもなりませんが）。
　為替変動は「値動き」とも言い換えることができます。

　なぜ値動きが生じるのでしょうか。
　市場（マーケット、相場とも言う）は、買いたい人と売りたい人の力関係で動いていきます。すなわち、値動きが生まれます。
　買いたい人と売りたい人、どちらが多いかで値動きが決まります。
　株ではこれを「板」と呼びます。買い板が厚ければ上昇圧力が強くなり、売り板が強ければ下落圧力が強くなります。

　次の**図2−1**はドル／円の買い板、売り板のイメージです。売り圧力よりも買い圧力のほうが高いことがわかります。
　ただし、実際には外国為替の場合は株式と違って板が公開されていないので、実際の売買状況はわかりません。値動きを見て想像するしかないのが現状です。
　しかし、心配する必要はありません。慣れてくれば、板がなくても値動きから売買の状況を想像することができるようになります。
　この板に表されている買い手と売り手のバランスを、需要と供給（需給）と言います。

　よくある3つの誤解についてお話します。

ドル／円		
買い	価格	売り
	111.5	1,000,000
	111.4	900,000
	111.3	800,000
	111.2	700,000
	111.1	600,000
1,500,000	111.0	
2,000,000	110.9	
2,500,000	110.8	
3,000,000	110.7	
3,500,000	110.6	
4,000,000	110.5	
4,500,000	110.4	
5,000,000	110.3	

買い板と売り板それぞれの注文規模の差から、買いが強いのか、売りが強いのか判断することができます。**外国為替の発注やポジションは株式市場のように公開されていないため実際にはわかりません。**

図2-1

①買っている人が多いと上がる、売っている人が多いと下がる

　実際には、すでに買っている人（買いポジションを持っている人）が多いと価格が上がるのではなく、これから買いたい人が多いと上がります（**図2-2**）。

　今買っている人が多い（買いポジションを持っている人が多い＝買いに偏っている）というのは、価格を押し上げる要因にはなりません。

　これは市場原理から言えば当然のことです。例えば、新型コロナウイルス感染拡大が報じられ始めた2020年1月からマスクが品薄になり、インターネットサイトでは数十倍以上の価格で売り出されました。

　もしすでに買っている人が多いと値上がりするのなら、すべての人がたくさん買えて、すべての人にマスクが行きわたっている時に一番価格が高くなるはずです。

　しかし実際には、買いたいけれどまだ買えていない人が多い時に価格は上がるのです。この買いたいけれど、まだ買えていない勢力のことを

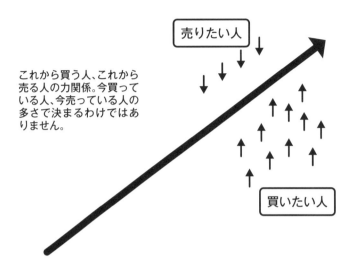

これから買う人、これから
売る人の力関係。今買って
いる人、今売っている人の
多さで決まるわけではあ
りません。

売りたい人

買いたい人

図2-2

「買い余力」と言います。

　今買っている人が多いということは、これまで買われてきたということなので、過去には上昇の値動きを生じさせる要因となっていたことでしょう。

　しかし、これから将来のことはわかりません。むしろ、買いポジションを持っている人が不安になり決済（利食い）の売りに動き始めると、売る人が買う人よりも多くなるので、価格は下がります。

②買いたい人が多いと上がる、売りたい人が多いと下がる

　では、買いたいがまだ買えていない人が多いとすぐ価格が上昇するかということですが、これも間違いです。買いたいがまだ買えていない人、そして高値で売ろうとする人の両者がマーケットには存在します。しかし、買いたい人がポチッと注文しないと価格が決定しません。

　高値で売り出されていたとしても、実際に買った人がいないなら、そ

れは絵に描いた餅です。買いたい人がいて、売りたい人から商品が出品されていて、そして買い注文が発注されて取引が成立する。その時点で初めて値がつきます。実際にその価格で売買されるからです。

　ですからマーケットでは、売り板と買い板が存在するだけでは値動きは発生しません。何かのきっかけで、買いたい人たちが買いに走り出した時に、値動きが発生します。まだ買えていない人は「早く買わないともっと高くなる」と思ってあとからあとから買っていくので、価格が上昇を続けることになるのです。

　あとからあとから買う人がどんどんわいてくる状態、それが「買い板が厚い」「買い余力がある」という状態です。

③ニュースやファンダメンタルズ指標で値動きが起こる

　また、値動きはニュースやファンダメンタルズ指標で決まるのではありません。
「GDP成長率が予想を下振れたため、ドル／円相場が下落した……」などの解説を聞いたり、読んだりしたことはないでしょうか？

　もっともらしく聞こえますが、これは完全に後付け解釈です。実際の相場では、GDP成長率が下がってドル／円相場が下落することもあれば、GDP成長率が下がっているにもかかわらず、ドル／円相場が上昇することもあります。

　GDP成長率が下がってドル／円が上昇した場合、「GDPの下振れは織り込み済みだったため、発表とともに買われた」などと解説がなされることになります。

　イベントごとの指標の発表などは、「触媒」にすぎません。
　触媒とはきっかけのことです。市場に参加している人（買っている人と売っている人、またこれから買おうとしている人や売ろうとしている人）たちが「もし良い材料なら買い！」「もし悪い材料なら売り！」と、材料が出てから買いか売りのどちらにするかを決めようとしているわけではありません。

何かの材料を待っているだけです。行動をするためのきっかけを待っているのです。

　例えば、大きく上昇して、そろそろ決済して利食いをしたいと考えている買い方（買いポジションを持っている人たち）は、売る口実を探しています。

　そういう人たちは、何か悪い指標が出たら売るでしょう。

　しかし同時に、良い指標が出ても「もう潮時だ」と手仕舞いに走るかもしれません。

　買いポジションを持っている人が次に取る行動は、売ることしかありません。売りポジションを持っている人が次に取る行動も、買うことしかありません。決済しなければ利益を確定できないからです。

　だから、いずれにせよ、買いポジションを持っている人はいつか売らなければならないのであり、売りポジションを持っている人はいつか買わなければならないのです。

　彼らにとっては、決済のタイミングを決めるためのきっかけが良いニュースであるか、悪いニュースであるかはあまり関係がありません。

・買いポジションを持っている人　→　売って決済
・売りポジションを持っている人　→　買い戻して決済
・ポジションを持っていない人　　→　買い、売り両方の可能性

　FX は反対売買をして終了しないと利益や損失が確定しないので、買いっぱなし、売りっぱなしということはあり得ないのです。

FXのリスク

　FXのリスクには3種類あります。

　ひとつは、**取引環境におけるリスク**。

　2つ目は、**相場のリスク**。

　3つ目は、**自分自身のリスクです**。

取引環境におけるリスク

　取引環境におけるリスクとは、ブローカー（FX会社、証券会社）のリスクのことです。日本の金融庁登録のFX会社は、100%信託保全をしており、仮に会社が倒産しても預入証拠金はすべて戻ってきます。

　しかし海外の無登録ブローカーは、出金リスクがあります。自分のお金を出金できないというリスクです。

　これでは大事な資産を預けることなどできません。また、値が飛ぶリスク（スプレッドが開くリスク）があります。

　スプレッドとは、買い価格と売り価格の差のことです。外貨両替でも、「SELL」と「BUY」では価格が違いますが、それと同じです。

　買う時は高く買わされ、売る時には安く売らされる。実質的にはこれはいわゆる手数料となります。

　スプレッドが限りなくゼロに近いFX会社が多くなっていますが、それは平時のこと。相場の急変（暴落や暴騰）時、取引が活発になる時間帯、また流動性が小さい（取引が閑散としている）時間帯にはスプレッドが開き、不利な売買価格でポジションを持たざるを得なくなることがあります。

　スプレッドが広すぎて取引したくない場合は取引しなければ良いだけなので問題はないのですが、いざチャンスにポジションを持とうとした時にスプレッドが広いと、機会損失になる場合もあります。

相場のリスク

　相場のリスクには、相場の急変リスクがあります。相場とは値動きをするものなので、リスクに入らないかもしれませんが、無防備に相場に入ると大きな損失を出すこともあるので注意が必要です。このリスクは資金管理を徹底することで防げます。

　また、月曜日に値が飛ぶリスクもあげられます（**図2－3**）。

　外国為替市場は、基本的に月曜日の早朝から土曜日の早朝まで、つまり「月－金」しか取引がありません。週末にとんでもないことが起こった場合（極端な話、週末に戦争が勃発したり、金融危機のトリガーが週末に引かれたりした場合、あるいは週末に大規模な天災が起こった場合）、月曜日に相場の不連続を起こすことが考えられます。

　土曜日の朝のニューヨーク時間のクローズ時に、例えばドル／円95円で終了（終値が95円と言います）だったならば、月曜日の早朝には95円から始まります（始値が95円と言います）。しかし95円から始ま

NZD/JPY（日足）
（2019.11.12-2020.2.28）

○印で窓開け（2つのローソク足の間に大きな
開きができる状態）の現象が発生しています。

図2－3

らず、いきなり90円から始まる……そんなことが起こる可能性があります。

　それに備えるためには、資金管理でポジションを多く持ちすぎないこと（ポジションが少なければ損失を抑えられます）、また週末にできるだけポジションを持ちこさないこと、などで対処することが可能です。相場が大きく動く時には、先述したスプレッドが広がる傾向があります。

自分自身のリスク

　最後に自分自身のリスクです。

　操作ミスです。操作ミスは、注文ミスです。

　例えば1ケタ間違えたりすることです。10000通貨単位（ドル／円の場合、レートが1ドル＝100円だとして100万円分ほど）発注するつもりだったとします。本来は10000×レート100円＝100万円です。それを1000万円分発注してしまう、ということが起こります。

「もともとお金がないからそんな発注ミスは起こらない」などと考えてしまいやすいですが、そうではありません。実際にはFXにはレバレッジという「借金できる」仕組みがあるので、自己資金の最大25倍までの取引ができてしまいます。

　100万円の証拠金で、25倍の2500万円分の取引が可能ですから、1ケタの注文間違いも起こり得ます。

　次に注文の通貨ペアを間違うこと、買いと売りを逆にしてしまうことも考えられます。

　通貨ペアの間違いで、大きな損失を出してしまうこともあるかもしれません。また、買いと売りを逆にして間違えたら、大変なことになります。間違えたおかげで利益になっても笑えませんね。

　注文価格を間違うこともあります。予約注文である指値注文や逆指値注文（後述）の価格を間違って入力してしまうと、いらぬ損失を招くことにつながります。特に、ストップ注文の価格を間違って入力することはリスクが大きいです。

ストップ注文は、損失を自分が決めた範囲内に抑えることが目的です。そのストップが役に立たないことになるのですから、その影響たるや決して軽視してはいけないものです。

　そして魔が差すことです。

　わからない相場でポジションを持ってしまうこと（「ポジポジ病」と言われたりします）、そしてレバレッジを上げすぎることです。

　とにかく買ってみたい、売ってみたいと、何も考えずにポジションを持つことは、初心者にありがちな失敗です。

　レバレッジの罠は、初心者だけのリスクではありません。中級者や上級者も関係なく陥ってしまうことがあります。

　レバレッジを使えば、自己資金の何倍もの取引を行うことができます。日本のFX口座のレバレッジは最大25倍ですから、仮に100万円を口座に入金すれば2500万円分の取引ができてしまうのです。

　レバレッジをかければ利益額が何倍にも増えることがある一方、損失額も何倍にも膨れ上がることがあります。

　短期間で儲けたい！　との欲望に負けてしまうと、不必要に高いレバレッジをかけて、大きな損失を出してしまうことにつながります。

　以上でリスクはほぼカバーできたと思いますが、最後に新興国通貨リスクも念頭に置いておきましょう。

　新興国通貨とは、先進国以外の国のことで、金融システムが未成熟だったり、財政基盤がぜい弱だったりして、初心者の取引には適さない国の通貨です。

　トルコリラ、ブラジルレアル、ロシアルーブル、マレーシアリンギットなど、高金利につられて安易に買わないようにしましょう。

どのような仕組みで儲かるのか？

　FXでお金が儲かる仕組みを理解しなければなりません。

　利益を得るためには、2つの方法があります。

　それは売買の価格差で利益を得る方法と、金利収入（スワップポイント）で利益を得る方法です。

売買差益で儲ける

　売買の価格差は、買った時の価格と売った時の価格の差で利益にする方法です（**図2-4**）。ドル／円を100円で買って101円で売れば、1円分の利ザヤが取れます。

　レバレッジをかけずに100万円分投資していれば、1万円の利益になります。

　レバレッジをかけると、利益が増えます。レバレッジ2倍なら、2万円の利益に、レバレッジ3倍なら3万円の利益になります。

　レバレッジについては、どんなに高くても最大3倍以内に抑えることを推奨します。それ以上のレバレッジをかけると、ギャンブルへと変質してしまうリスクが高くなります。

　株式の信用取引でも3倍以内ですから、FXでもその程度までが限度だと思います。

決済

買う

売る

決済

買った価格よりも高く決済できれば利益になる。また、売った価格よりも安く決済できれば利益になる。

図2-4

スワップポイントで儲ける

　銀行預金に金利がつくように、FXでも金利がつきます。

　金利は、通貨ペアを構成する2種類の通貨の金利差が適用されます。

　例えば、ドル／円の買いポジションを持っている場合、ドルの金利から円の金利を引いた金利が、ポジション保有者に支払われます。

　ドル／円の売りポジションを持っている場合は、逆に、円の金利からドルの金利を引いた金利が、ポジション保有者に支払われます。

　高金利通貨を買い、低金利通貨を売る場合は、金利はプラスになりますが、低金利通貨を買い、高金利通貨を売る場合は、金利はマイナスになります。

　マイナスということは、ポジションを持っている人が金利を支払わなければならないということを意味します。

　スワップポイントの金利は毎日支払われます。年率の金利を365日で割った金額が1日に支払われます。週末の分は、他の曜日にまとめて支

払われます。

　高金利通貨買い／低金利通貨売りのポジションの場合は毎日金利を受け取れますが、低金利通貨買い／高金利通貨売りのポジションの場合は毎日金利分が口座から引かれていきます。

　スワップポイントは楽に儲けられそうなイメージがあるかもしれませんが、基本的にはあまりお勧めできません。

　低金利の昨今は特に、スワップポイントによる利益はごくわずかです。高金利通貨は新興国などに限られており、概してリスクが高く、スワップポイント狙いで取引すると値下がりによる損失のほうが大きくなる可能性が高いです。

　FXで利益を得る王道はトレーディングによる売買差益の獲得です。売買スキルを習得して売買差益を得られるようになりましょう。

どのような仕組みで損するのか？

損失を出してしまう仕組みは、利益を出す仕組みよりも多いです。
次の4つの損失発生の可能性があります。

①売買差損を出す
②スワップポイントで損する
③スプレッドで損する
④手数料で損する

①売買差損を出す

買った価格よりも安い価格でしか売れなければ、損をします（**図2-5**）。また、売った価格よりも高い価格でしか買い戻せなければ、損をします。

「上がる！」と思って100円で買った通貨ペアが99円になれば、1円分損をします。

レバレッジをかけていれば、レバレッジの分だけ、損失はさらに膨らみます。100万円の証拠金を使って、レバレッジ1倍の取引ならば、1円分の差損で1万円の損失です。レバレッジ3倍ならば、3万円の損失。レバレッジ10倍ならば、10万円の損失です。

つまり、相場がたった1円動くだけで、保有する証拠金の10％を失ってしまうのです。

もし相場が3円逆行すれば、証拠金の30％がなくなります。

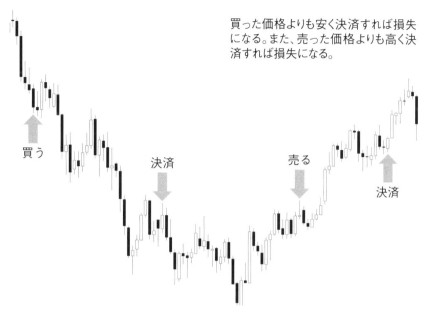

買った価格よりも安く決済すれば損失
になる。また、売った価格よりも高く決
済すれば損失になる。

買う　　決済　　売る　　決済

図2-5

②スワップポイントで損する

　スワップポイントがマイナスだと、そのポジションを持っている限り、毎日証拠金が減り続けます。

　その計算式は「2つの通貨の金利差×レバレッジ」です。

　高金利通貨を売って、低金利通貨を買うポジションの場合は、金利差がマイナスなので、スワップポイントがマイナスです。

　毎日少しずつ証拠金から引かれていきます。たいしたことのない金額でも、毎日少しずつ減っていくので、焦って決済のタイミングの判断力を狂わせてしまうこともあるかもしれません。

　レバレッジをかけていれば、スワップポイントもレバレッジに比例するので、レバレッジ10倍ならばマイナススワップも10倍です。

　見逃しがちなポイントが、各FX会社で定められている買いと売りのスワップポイントの差です。

　例えば、買った場合に金利が1％つく通貨ならば、売った場合には、

逆に１％引かれると考えることでしょう。しかしそうではありません。

　買った場合に金利１％、売った場合には1.5％引かれることがあります。買いと売りの金利が同じに決められていない場合がほとんどです。

　「両建て」という手法があります。

　買いと売りのポジションをそれぞれ同じ数量持っておき、上がりそうになったら売りポジションを決済して買いポジションだけが残るようにし、下がりそうになったら買いポジションを決済して売りポジションだけが残るようにする方法です。

　買いと売りを同数持つということは、何もポジションを持っていないことと同じです。両建てにはメリットはないと私は考えますが、両建てをする人はなくなりません。

　さて、両建てにした場合、同じポジションの買いと売りなので、金利もプラスとマイナスで打ち消し合ってゼロになる……と考えてはいけません。

　マイナススワップのほうが大きくなっているので、両建てをしていると少しずつではあっても証拠金が減っていきます。

③スプレッドで損する

　29ページで説明したように、スプレッドとは、買いと売りのポジション取得コストの差のことです。

　スプレッドが広いFX会社で取引すると、エントリーする度に小さなハンデを背負うことになります。

　１日以上ポジションを保有して、大きな利幅を取るスイングトレードや、長期間ポジションを持ちっぱなしの長期投資ならそれほど大きな問題にはなりません。

　しかし、小さな値動きの利ザヤを取るデイトレードや一瞬の動きで利益にするスキャルピングなどは、スプレッドが広いと取引成績の悪化に直結してしまいます。

④手数料で損をする

　手数料無料をウリにするFX会社が多いですが、取引手数料を導入するFX会社も増えてきました。

　本来スプレッドも手数料の一種ですが、手数料無料と書けばお得感が出るので、何も知らずに手数料は無料だがスプレッドが広いFX口座を開いてしまう場合もあるかもしれません。

　ただ、スプレッドは時間帯や相場状況によって突然広がることがある一方、手数料は明朗会計なので計算しやすいという利点はあります。

注文方法

FXの注文方法は、基本的には株式と同じです。
指値注文、成行注文、逆指値注文の3つがあります。

指値注文

　指値注文は、いわゆる予約注文のことで、現在価格では取引をしたくないけれども、「○○円まで下がったら買う」「○○円まで上がったら売る」とあらかじめ決めて、買い注文や売り注文を出しておくことです（図2−6）。

　指値注文は、より有利な価格でポジションを持てるという利点があります。

成行注文

　成行注文は、現在価格でポジションを持つ注文のことです。よほど流動性のない通貨でなければ、注文を出した瞬間に約定して、ポジションを持ちます。

　成行注文は、相場状況をリアルタイムで見て確認して把握したうえで、ポジションを持てるという利点があります。デメリットは、ポジションを持ちたい場合、希望する価格まで下げたり上げたりするのを待たなければならないことです。待てないと不利な価格でポジションを持つことになります。

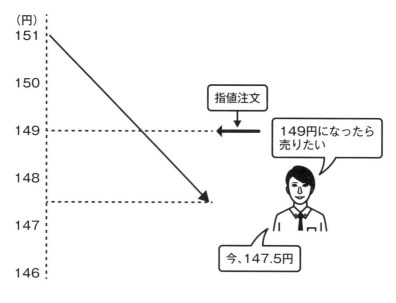

図2－6

逆指値注文

　逆指値注文は、指値の逆です。つまり「上がったら買う」「下がった
ら売る」という注文のことです（**図2－7**）。

　なぜわざわざ上がってから買うのか、下がってから売るのかと不思議
に思う人もいるかもしれません。しかしいわゆる「トレンドブレイク手
法」と言われる、レンジ相場から上昇方向や下落方向に大きく動き出す
タイミングでポジションを持つ方法を使う場合、この逆指値が便利なこ
ともあります。

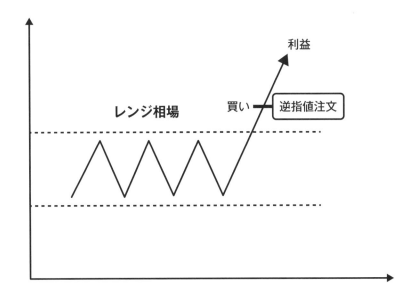

図2-7

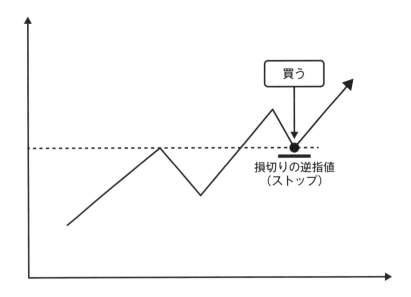

図2-8

　ただし、レンジ相場のレンジの上限や下限が常に一定だとは限らない
ので、うまくいかない場合も多いです。
　例えば、レンジを上昇方向にブレイクして買いの注文が約定した直後、
反落して損失になるようなケースです。

損切りの逆指値注文（ストップ）

　ポジションを持っている時に使う逆指値注文のことです（**図2-8**）。
　買いポジションを持っていて、損切りラインを決めている場合、その
損切りラインにあらかじめ逆指値注文を置いておきます。
　売りポジションを持っている場合も同じく、損切りラインを決めてい
れば、その損切りラインにあらかじめ逆指値注文を置いておきます。
　この逆指値注文は「ストップ」または「ストップロス」とも言います。
　逆指値注文を置くことで、目論見とは反対方向に相場が動いた場合に、
大きく反対方向に行ったとしても小さな値幅で損失を確定させることが
できます。
　ポジションを持つ時に、同時に逆指値注文を入れておくべきでしょう。
　相場では何が起こるかわかりません。ポジションを持った次の瞬間に、
突然暴落が起こったらどうなるでしょうか？　損切りの逆指値注文を入
れておかなければ、損失は瞬く間に大きくなり、場合によっては全財産
を失うほどの損失になることもあります。
　何が起こっても小さな損失に抑えるために、ポジションを持つ時には
いつでも逆指値注文を入れておきましょう。

利食いの指値注文（リミット）

ポジションを持っている時に使う指値注文のことです。

買いポジションを持っていて、利食いポイントを決めている場合、その利食いポイントにあらかじめ指値注文を置いておきます。

売りポジションを持っている場合も同じく、利食いポイントを決めていれば、その利食いポイントにあらかじめ指値注文を置いておきます。

この指値注文は「リミット」とも言います。

指値注文を置くことで、チャートを常にチェックしていなくても、自動的に利益を確定してくれる利点があります。

また、例えば買いポジションを持っている時、いったんは思惑通り上昇してくれても、あとから急反落するというケースもあるので、目標価格に到達したら自動的に利食いをするというのは賢明な方法です。

損切り・強制ロスカット

　損切りは、FX に限らず投資を始めようとする際に、最初に覚えるべき知識とスキルです。損切りはロスカットとも言いますが、損失が大きくならないうちに損失を小さく切るという意味です。

　損切りはトカゲのしっぽ切りです。しっぽを切ってしまって、大きなダメージや致命的なダメージを受けないうちに逃げることです。

　もちろん、損失を確定させるわけですから心理的な抵抗を感じます。この心理的な抵抗に従ってしか行動できない人は、厳しい言い方ですが投資はすべきではありません。

　損切りができない人は、投資だけでなく人生のいろいろな局面で大きな失敗をしてしまいやすいです。将来性のない計画やもう終わっているものを捨てられず、いつまでもこだわって人生の貴重な時間やお金をずるずると浪費してしまうからです。

　最終的にはどうすることもできないところまで追いつめられて、「あの時、損切りしていれば良かった」と後悔するのです。

　また、自分の意思ではなく追い込まれて損失を確定させる段階まで行くことを「強制ロスカット」と言います。

　これ以上損失に耐えられないところまで証拠金が減った時点で、FX会社の強制ロスカットが発動し、すべてのポジションを自動的に決済されてしまいます。

　強制ロスカットになれば致命的な損失になるのが普通です。

　強制ロスカットだけは避けるように、その前に自分で損失確定ができるようになりましょう。そのための練習にはデモトレードが最適です。デモトレードの期間は 1 年間を推奨します（166 ページ参照）。

　デモトレードで練習して、不安がなくなってから自分の大切なお金を相場に投じていくのが賢明な人です。

自分に合うトレードスタイルは？

　FXトレードには、ポジションの保有期間やチャートを見る時間によってさまざまなトレードスタイルがあります。

　俗に言う「デイトレード」「スイングトレード」「スキャルピング」「長期投資」などがそれですが、明確な定義があるわけではありません。

　自分のトレードを上記のカテゴリに分ける必要もないのですが、知らないと損をするのでしっかり説明をしておきます。

　時間が短い順にまとめます。

スキャルピング

　数秒から長くても数分程度で決着をつけるトレード方法です。

　小さな値幅を、レバレッジをかけて取りに行きます。トレードの際には高い集中力を要します。

　何時間もチャートを見続けながらエントリーポイントを待ち、肉食獣が獲物を捕獲するように一瞬のチャンスを見極めてエントリーする。これがスキャルピングの基本的な考え方です。

　出口で確実に決済しないと大きな損失を出す可能性も高くなるため、エントリー（入口）よりもイグジット（出口）のほうが重要になります。

　メリットは短い時間で利益になることですが、ポジションを持つ時間は短くても、エントリーポイントを待つ時間が長くなるため、実際にはスイングトレードなどよりも長い時間チャートに拘束されることが多いです。

　リスクは相場の急変、そして停電やサーバーダウンなどでポジションを持ったまま口座にログインできなくなることです。

　ストップを置いておけば問題は小さいですが、一瞬の判断のためスト

ップを置けない場合も多く、エントリーした直後にPCの画面が消え、しばらくログインできない状態が続いたあと、ログインできたら大きな損失になっていた……というのが最悪のシナリオでしょう。

デイトレード

数分から1日程度の短い時間で決着をつけるトレード方法です。

スキャルピングよりはゆったりしたトレードですが、チャートを見続けて、エントリーからイグジットまで観察し続ける集中力を要することは同じです。

デイトレードが、いわゆるトレードの「標準」だと考える人は多いです。デイトレードはスキャルピングのように一瞬に賭けるわけでもありませんし、かといってスイングトレードのようにポジションを見ないで相場に任せるということもしません。

自分で常にポジションを確認できる状態で、相場の動きを観察し続け、自分のポジションの損益状況を見続けます。

ですから決済までが「仕事」です。

ポジションを観察し続けていられるのでリスクが低いと考える人もいますが、私から見ればそれは一面的な考えです。

ポジションを見続けられるとリスクが低いというのは、相場の変動に対するリスクの点では確かにそうでしょうが、リスクはそれだけではありません。

トレード技術のリスク、常にエントリーしたくなったり、決済すべきでないところで決済したくなったりといった心理的なリスク、レバレッジを上げたくなる資金管理のリスクなど、負の側面も無視できません。

デイトレードをする場合は、確かなトレード技術と同時に自分をコントロールする技術を身につけることが必要です。

スイングトレード

　1日から数週間、場合によっては数ヶ月の期間、ポジションを保有しながら相場の波を取っていくトレード方法です。

　スキャルピングやデイトレードのようにチャートを見続ける必要がないので、多くの人に向いています。

　大きな値幅を取っていくため、小さな値動きは無視することが多いです。

　スイングトレードは、波を取ることです。

　上昇の波、下落の波。しかも、少なくとも1日以上続く波を取れることが条件になります。

　スイングトレードの利点は、相場が大きく動く時に、大きな値幅を狙えることです。もちろん、一瞬の動きや数分、数時間の動きを取ることも悪くないのですが、大相場がきた時にもわずかな値幅で取引を終了する必要はなく、相場が動く限りポジションを持ち続けて利益を大きくすることが可能です。

　チャートを常に監視し続ける必要がないことは、大きなメリットだと思います。そもそもチャートを見続けることのできる人は、他に仕事を持っていない専業トレーダーだけだと思いますから、多くの人は難しいです。

　デメリットとしては、チャートを見ないので、小さな値動きに対応するのが難しいことでしょうか。大きな波を取るために小さな値動きは無視せざるを得ません。

　高いレバレッジをかけてポジションを持つことも難しいです。そもそもデイトレードでも高いレバレッジをかけると破産する可能性が高くなるので、スイングトレードの固有のデメリットというわけでもないと思います。

長期投資

　数ヶ月から数年の長い期間、ポジションを保有し続けて相場のさらに大きな波を取っていくトレード方法です。

　チャートもあまり見る時間がなく、外貨預金のような感覚でトレードする人がこの方法に向いています。

　長期投資は、レバレッジ1倍以下で運用します。

　それではあまり増えないと考えがちですが、うまくやれば案外増えるものです。

　外貨預金のようにエントリーとイグジットがコントロールしにくいことはなく、しっかり下げたところで買って、上昇したところで売るということが自分のタイミングでできるので、ポジションの入れ替えや、キャッシュポジション（ポジションを持たないこと）での待機など、自由自在です。

　長期投資が特に力を発揮するのは、リーマンショック級の大相場で、異変が起きることを察知したタイミングで売りポジションを低レバレッジで持ち、底を打ったタイミングで買いポジションを低レバレッジで持つ、ということができれば長期投資でも年利30 ～ 40％は十分可能になります。

　多少の値動きは誤差の範囲として扱えるので、値動きに翻弄されず、じっくり利益が育つのを待つことができるのも魅力です。

　デメリットとしては、やはりある程度の「相場観」が必要なことでしょうか。

　相場の波が発生する前に、安く買い仕込み、あるいはバブル相場の高いところで売りを仕込むことも時には必要です。そのためには、大衆心理の理解も重要になってくるところです。

Chapter 2　まとめ

- 為替変動は買いたい人と売りたい人の力関係と、売買を誘発する材料によって起こる
- FXのリスクはFX会社、相場、そして自分自身にある
- FXで儲けるには、売買差益を得る方法とスワップポイントを得る方法がある
- FXで損するのは、売買差損、マイナススワップポイント、スプレッドや手数料による
- 成行注文と指値注文、ストップとリミットを使いこなせば利益に近づく
- 強制ロスカットは避けるべきだが、自発的な損切りは良いこと
- トレードスタイルは種々あるが、自分に持続可能なスタイルでなければ意味がない

チャート分析の基本

チャートはすべてを表している

　まずお伝えしたいことは、本来のチャート分析は表面的で浅いスキルではないということです。

　チャート分析はトレードをするうえで活用すべき優れた方法です。相場を分析し、トレーディングで利益を出していくためには必須の技術だと言えます。「プロはファンダメンタルズ分析を使う。チャート分析などは素人の考えだ」という人は最近では減ってきているようです。

　しかしそれでも、チャート分析を馬鹿にする業界人はいるものです。

　はっきりと申し上げますが、ファンダメンタルズ分析だけで勝っているトレーダーはいません。結果を出している人たちは、チャート分析を大切にしています。

　チャート分析は、値動きの分析です。

　値動きには、市場参加者の心理も行動も、またいわゆるファンダメンタルズ指標とよばれる「失業率」「政策金利」「物価指数」「GDP 成長率」などの指標もすべて反映されています。

　これを「織り込んでいる」と表現します。

　例えば、A国が発行している A という通貨があるとします。A国は、景気の先行きが良いと考えられています。であるならば、通貨Aはこれから値上がりするのでしょうか？

　基本的には、景気の先行きが良いということが市場の共通認識であるならば、その共通認識は現在の価格に反映されているはずです。つまり、「景気の先行きが良いと考えられているから現在のこの価格がついているのだ」ということです。もし景気の先行きが良いと考えられていないなら、現在価格はもっと低いはずです。

　通貨Aがこれから値上がりするとすれば、現在の「景気の先行きが良いと考えられている」程度以上に、さらに景気が良くなると市場が上方修正した時です。

　ちなみに、通貨に限りませんが、市場というものは「期待」で動きます。今良い状態だから値上がりするのではなく、将来もっと良い状態になると思われる時に値上がりします。

　もうひとつ、FXの原理に関係する重要な事実を知る必要があります。通貨の価値は、あくまで相対的だということです。ここは株式投資や不動産投資と大きく違う部分です。株式投資では、自分の買った株式の株価が上がれば儲けが出ます。株価が下がれば損をします。とても明快です。

　しかしFXは相対価格で、そもそも株とは異なるルールで価格が決まります。株式や不動産の評価が絶対評価であるのに対し、FXは相対評価です。

　学校でクラス全員が高得点を取れば全員に高評価をつけるのが絶対評価です。それに対して、クラス全員が高得点を取っても上位数名だけが高評価をもらえたり、低い点数でも平均点がもっと低かったら高評価になったりするのが相対評価です。

　FXがどういう意味で相対評価でしょうか？
　例えばユーロ／ポンドという通貨ペアがあります。
　ユーロ／ポンドの値動きを考えてみましょう。
　ユーロの価値が上がると、ユーロ／ポンドは値上がりします。しかしこの通貨ペアが値上がりする可能性のある原因はそれだけではありません。ユーロは特に価値が上がらなくても、ポンドの価値が下がれば、ユーロ／ポンドは値上がりします。
　さらに、ユーロとポンドの両方の価値が上がっても、ユーロの価値上昇が少しでもポンドの価値上昇の程度を上回れば、結果としてユーロ／ポンドは値上がりします。

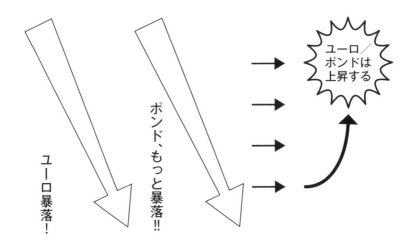

図3-1

　ここまで考えると、ユーロとポンドの両方の価値が暴落しても、ポンドの暴落のほうがひどければユーロ／ポンドは上昇することがわかります（**図3-1**）。

ローソク足の読み方

　チャートには、「ローソク足チャート」「ラインチャート」など、いくつか種類がありますが、現在では、ローソク足チャートが最も広く一般的に使われています。

　ローソク足チャートだけを知っていれば困ることはありません。ローソク足チャートが最も相場の現実を視覚的に伝えることに優れたツールだからです。

　本書でも、ローソク足チャートを採用しています。

　ローソク足は「四本値」という4つの価格の情報を教えてくれます。その4つは「高値」「安値」「始値」「終値」です。

　高値はその日最も高かった価格、安値はその日最も安かった価格、始値はその日相場が開始する時につけた価格（オープン価格とも言います）、終値はその日相場が終了する時につけた価格（クローズ価格とも言います）です。

　ローソク足チャートはローソクの形で、さまざまなことを読み取ることが可能です（**図3-2**）。

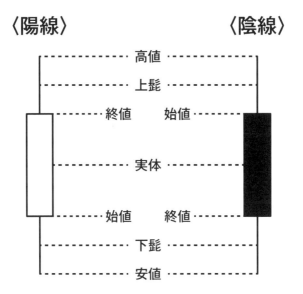

〈陽線〉　　　　　　　　　　　　〈陰線〉

高値

上髭

終値　　　始値

実体

始値　　　終値

下髭

安値

図3-2

陽線

　陽線というのは、始値よりも終値のほうが高いローソク足のことです。つまり、そのローソク足の期間の相場において、相場が始まった時よりも終わった時のほうが高いことを示します。

　相場が上昇したということです。

　次の足は、どちらかといえば上昇しやすいと言えます。

陰線

　陰線というのは、始値よりも終値のほうが安いローソク足のことです。つまり、そのローソク足の期間の相場において、相場が始まった時よりも終わった時のほうが安いことを示します。

　相場が下落したということです。

　次の足は、どちらかといえば下落しやすいと言えます。

下髭が長い

陽線の下髭が長いということは、安値が低かったが、終値が高かったということです。つまり、一時ザラ場（市場の途中）で大きく下がったが、結局最後には戻ってきて、比較的高い価格で終わった（クローズした）ということです。

売り圧力よりも買い圧力のほうが大きいことを示します。

次の足では下落する可能性よりも、上昇する可能性のほうが高いと言えます。

上髭が長い

陰線の上髭が長いということは、高値が高かったが、終値が安かったということです。つまり、一時ザラ場で大きく上がったが、結局最後には下げてきて、比較的安い価格で終わった（クローズした）ということです。

買い圧力よりも売り圧力のほうが大きいことを示します。

次の足では上昇する可能性よりも、下落する可能性のほうが高いと言えます。

長い陽線（大陽線）

実体が長い陽線のことです。始値よりも終値のほうが高いので相場が上昇したということを表します。ローソク足が長いので、その上昇幅が特に大きいことを示します。

次の足からの展開では、上昇する可能性が高いと言えます。

長い陰線（大陰線）

実体が長い陰線のことです。始値よりも終値のほうが安いので相場が下落したということを表します。ローソク足が長いので、その下落幅が特に大きいことを示します。

次の足からの展開では、下落する可能性が高いと言えます。

相場は波の形をつくりながら動く

　相場は波をつくります。

　まっすぐ一直線に上昇することもなければ、まっすぐ一直線に下落することもありません。相場は上昇するにしても、下落するにしても、波を打ちながら動いていきます。

　なぜなら相場は人間が参加している場なので、常に「調整」しようとする力も働くからです。

　調整とは、行きすぎると引き戻そうとする力、あるいは、皆が行こうとすると少数のそれに乗らない反対行動をする人が必ず現れるという法則、と言えばわかりやすいでしょうか？

　全員が買いなら、永遠にまっすぐ一直線に上昇し続けます。全員が売りなら、永遠にまっすぐ一直線に下落し続けます。

　それが起きないのは、相場は買い手と売り手の力関係で動いているからです。その力関係に 100 対 0、または 0 対 100 ということはあり得ません。80 対 20 で買い手が強い相場は、4 上昇して 1 下落する、また 4 上昇して 1 下落する……という動きになります。

　次の図がドル／円 4 時間足チャート（**図 3 - 3**）とドル／円週足チャートです（**図 3 - 4**）。

　上昇トレンドでは、上昇して小反落（調整）また上昇して小反落（調整）、という動きをくり返しながら、大きな流れでは上昇していきます。

　下落トレンドでは反対に、下落して小反騰（調整）、また下落して小反騰（調整）、という動きをくり返しながら、大きな流れでは下落して

図3-3

図3-4

いきます。

　一方通行で一直線に上昇や下落というケースは非常に稀です。

　仮に調整を狭まずに上昇し続けたり下落し続けた場合、その反動も大きくなる傾向が強いです。つまり、一気に動いた分、反対方向へのブレ幅も大きくなるということです。

「過去分析」が基本

　チャート分析をする時に、常にどこで買うか、またどこで売るかにばかり意識がいく人がいます。

　しかし、チャート分析の基本姿勢としては感心できません。もちろん、チャート分析で将来の値動きのシナリオをある程度立てられるようになるのは事実ですが、その前に、大事なことがあります。

　それは、チャート分析の分析対象は過去の相場であるということです。チャート分析は「過去分析」なのです。
「過去の相場を勉強したいんじゃない！　将来の値動きを予想したいんだ」という声が上がりそうですね。

　間違えないでください。過去のチャートを分析するのは、今の相場を知るためであり、将来の相場を見抜くためです。だからこそ、過去の値動きにしっかり向き合うことをスキップしてはいけないのです。

　過去のチャート、現在のチャート、未来のチャートというのは、今を生きている私たちの都合による分け方にすぎません。実際の相場には過去も現在も未来もなく、ただ動き続けているだけなのです。

　どの時点から見るかによって、ある時は「過去」になったり、またある時は「未来」になったりするのです。

　明日の相場が、今日の時点では未来だったとしても、明後日になればもう過去の相場になってしまいます。過去の相場を分析するということは、そのさらに過去から見て「未来の相場」を分析していることになります。「昨年の相場は一昨年の相場の未来」です。

　過去のチャートから、値動きのパターンを見つけ出したなら、将来また同じことが起こるのだということです。

　将来の相場予想とは関係なく、単純に過去のチャート分析に集中するほうが、相場を理解するための近道になります。

避けるべき６つの罠

　チャート分析の技術は心強い武器ですが、付き合い方を間違えると失敗を招くこともあります。

　ここでは、チャート分析をするうえで、避けるべき罠を６つお伝えします。

　①思い込みの状態でチャート分析を始めること
　②テクニカル指標を過信すること
　③確率論を無視すること
　④ポジションの根拠となるテクニカル指標を探すこと
　⑤チャート分析の時間軸を途中で変えること
　⑥今回だけは特別だと例外をつくること

①思い込みの状態でチャート分析を始めること

　チャート分析を始める前に、すでに罠にかかっている状態です。チャート分析をする前から、すでにその人には相場観があります。

　その相場観が自分の中から出てきているのか、誰か他の人が言ったことが影響しているのかは関係ありません。分析をする前に、心では「上昇するだろう」あるいは「下落するだろう」と思っている状態です。そうなっていては、客観的な分析はできません。

②テクニカル指標を過信すること

　テクニカル指標が上昇のサインを示していたり、下落のサインを示していたりしたら、すべて信用してしまう。このようにテクニカル指標を信頼しすぎるのは褒められたものではありません。

　テクニカル指標に依存している状態です。

③確率論を無視すること

　上昇するか下落するかは、確率の問題です。勝てるトレーダーはそのことを知っています。

　相場では、上昇と下落の可能性は五分と五分が基本です。それを、少しでも上昇の可能性や下落の可能性が高い局面を見つけ出そうと、多くの人がチャート分析をしています。

　しかし、それでも50%が60%に、あるいは70%になるくらいです。

　ごくたまに確率80%や90%の局面もあるかもしれませんが、100%上がる相場や100%下がる相場は絶対にありません。

④ポジションの根拠となるテクニカル指標を探すこと

　今持っているポジションが買いポジションなら、上昇する根拠となるテクニカル指標を探す。今持っているポジションが売りポジションなら、下落する根拠となるテクニカル指標を探す。

　「ゴールデンクロスしたから上昇するはずだ」などと自分に言い聞かせている時点で、もうそれはチャート分析ではありません。

⑤チャート分析の時間軸を途中で変えること

　最初は4時間足でチャート分析していて、反対方向に進み始めたら、日足の抵抗ラインを見つけようとし、さらに反対方向に動いたら今度は週足の抵抗ラインを見つけようとする、など。

　あるいは逆に、日足でチャート分析していたのに、ポジションを持って逆行し始めると4時間足が気になり、さらに含み損が増えると1時間足、5分足などと小さな時間軸のチャートから目が離せなくなる現象です。

　その時点でもう分析とは名ばかりの、単なるチャート依存になっていることが多いです。

⑥今回だけは特別だと例外をつくること

「チャート分析では上昇方向に動く可能性が高いように見えるが、○○

大統領が当選したから下落するだろう」といった例外的思考はチャート分析の価値を下げます。

　そもそもそのような例外的な材料でチャート分析を無視して相場が動くと考えているということは、チャート分析にすべての材料が織り込まれているという原則に反します。

「今回だけは上昇するだろう」「今回だけは下落するだろう」と例外をつくり始めたらチャート分析の信頼性に黄色信号がともります。

Chapter 3　まとめ

- ●チャートはすべてを織り込んでいる
- ●ローソク足で始値、終値、高値、安値を押さえる
- ●相場は波の形をつくりながら動く
- ●チャート分析は過去分析を大事にする
- ●チャート分析で避けるべきことを最初に覚える

相場を利益に変えるための
テクニカル分析

テクニカル分析の有効活用

　本章では、テクニカル分析の効果を最大化するための考え方の原則、そして技術をお伝えします。

　テクニカル分析を有効に活用するためには、テクニカル分析の分析結果を自分の利益に結びつける行動と考え方が必要です。

　せっかくテクニカル分析で相場の動く方向を見通しても、その方向にポジションを持っていなければ、絵に描いた餅と同じになってしまいます。

　上昇する可能性が高いなら、買いポジションを持つ。また、下落する可能性が高いなら、売りポジションを持つのが基本です。

　簡単なことのようですが、多くの人がそれをできないのはなぜでしょうか。

　相場が動く方向をある程度判断できても、それがどのように動くかは、判断が難しいことが理由だと思います。

　例えば、テクニカル分析から、相場は上昇する可能性が高いと判断できたとします。

　上昇する可能性が高いとしても、いったん反落してから上昇するのか、そのまま上昇してしまうのか、それとももみ合いを続けてから上昇するのか、わかりません。

　買いポジションを持って、その後反落した場合、たとえ反落後大きく上昇するとしても、反落で損切りをしてしまうかもしれません。

　相場が動く方向にポジションを持つためには、次の4つの考え方を覚えましょう。

①ポジションを持ちすぎない（レバレッジを低くする）

　ポジションを少なくし、レバレッジを低くすると、相場の大きな流れに乗りやすくなります。なぜなら、小さな反対方向への値動きが生じても、含み損が大きくならないからです。

　ポジションが小さいことは心理的余裕を生み出し、心理的余裕は相場にしっかりと乗ることのできる状態を生み出します。

②ポジションをすぐに持たない（買う場合は安くなるのを待つ、売る場合は高くなるのを待つ）

　トレードにおける失敗の多くは、待てないことによって発生します。大きな方向性がわかっても、ポジションを持つタイミングが問題になる場合が多いです。タイミングは、待つことで多くの場合解決します。

③相場に勢いがある時はまず少しだけポジションを持ってみる

　勢いのある相場では、なかなか押し目（上昇トレンドの中で、一時的にレートが下降した地点）や戻し（下降トレンドの中で、一時的にレートが上昇した地点）をつくってくれず、ポジションを持つタイミングが難しいものです。本来は買いそびれたり、売りそびれたりしても全く問題ないのですが、それが嫌な場合は少しだけポジションを持つことです。少額のポジション組成を、打診買いや打診売りと言います。

④ピンポイントではなくゾーンで考える

　ポジションを持つための絶好のタイミングをピンポイントで当てることは至難の業です。ピンポイントで当てようとせず、「ゾーン（一定の範囲）」で考えることを勧めます。つまり、買いゾーン、売りゾーンという考え方です。多少の誤差を許容することで、心理的にも余裕が生じます。

「相場はわからない」が基本

　FXでは相場が上昇するか下落するかを予想しなければ儲からないと考えている人が多いのではないでしょうか。競輪や競馬などのギャンブルは、誰が勝つかを当てるゲームです。

　最近流行のバイナリーオプション（選択権取引を元にした金融商品の一種）なども、上昇か下落を当てるゲーム（ギャンブル）です。ちなみにバイナリーオプションは、FXとは全く異なる仕組みです。FXと間違えてバイナリーオプションに手を出してはいけません。

　相場が上昇するか下落するかは、プロでもわかりません。経済評論家やアナリストが「今年のドル／円レートは○○円程度の円高になる」と予想してもたいてい外れます。

　もちろん、可能性としてある程度見通すことは不可能ではありません。

　しかし実のところ、相場予想はFXトレードでの利益とはあまり関係ないのです。予想が外れても利益になることはあるし、予想が当たっても損失になることがある。このことを理解しないとトレードで勝つことはできません。

　相場がわからなくても利益にすることができます。それは、FXでは相場がわかることによって、利益を得るわけではないからです。

　私たちはチャート分析を使いますが、チャート分析とは、過去の相場がどのように動いたかの分析です。すでに動いた過去のチャートを分析して何の役に立つのかと思う人もいるかもしれませんが、相場は「動いたあと」が大事なのです。

　相場が動く前に予想しても、その予想は役に立ちません。そうではなく相場が動いたあとに、すでに動いたその動きが、その次にどのような動きに導くか。それを考えるのがチャート分析です。

　相場はわからないものです。わからないから、勝率100％もあり得ま
せん。勝率100％がないから、できるだけ傷が浅くなるように損切りを
して、利益を取れるところはしっかり利益を取る。そんな割り切りが必
要になります。

　相場をわかっているつもりになると、致命的なリスクを背負うことに
なります。「上昇するはずだ」「下落するはずだ」との思い込みに支配さ
れるので、相場が思惑と違う方向に動いても自分の間違いを認められな
くなります。

　思い込みは恐ろしいものです。

　損切りが遅れ、損切りの機会を逸してしまいます。また、売るべき局
面で買いにこだわるということも起こってくるかもしれません。

　「相場は誰にもわからない」ということを肝に銘じましょう。

大失敗しないために

テクニカル分析では、大きな失敗をしないことが大切です。小さな失敗はたくさんしても良いですが、大きな失敗は時に致命傷となる場合があります。

大きな失敗とは、トレンドを無視すること。そして抵抗線を無視することです。

逆に言えば、この2つを無視しなければ、大きな失敗はしません。

トレンドを無視するとは、トレンド相場であるにもかかわらずトレンド相場を見て見ないふりをすることです。トレンドを無視して反対方向のポジションを持ち続けることです（**図4-1**）。

上昇トレンドが発生しているにもかかわらず、売りポジションを手放しきれないで、踏み上げられて、含み損を増やし続ける人がその典型です。

相場歴数十年の猛者である友人のトレーダーは「トレンドはしつこい」ということを何度も言っていました。

トレンドはいつ終わるかわかりません。

「トレンドは終わらない限り続く」。当たり前のことですが、「健康である限り病気でない」ことと同じです。トレンドがいつ終わるかはわからないので、トレンドが継続する限りは、トレンドが終了することを前提としてはならないことを教訓としています。

もうひとつは、抵抗線を無視することです。

抵抗線とは、上値抵抗線、下値抵抗線のことです。レジスタンスライン、サポートラインなどとも言われます。

抵抗線は、そこで跳ね返る可能性が高いところ、また価格の重要な節目、そしてこれまで長期間破られていない価格線のことです。

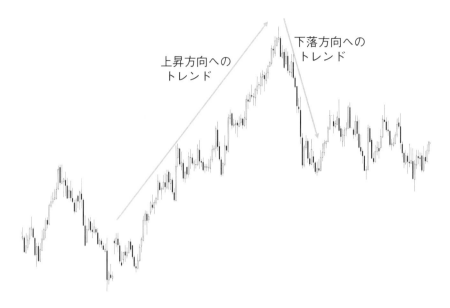

上昇方向への
トレンド

下落方向への
トレンド

図4－1

USD/JPY（日足）
青い線が抵抗線です。右肩上がりなの
で相場は上昇方向に動いていることが
わかります。しかし○印ではこの抵抗線
が崩れました。これを無視して買いにこ
だわると大きな損失になってしまいます。

図4－2

抵抗線を背にポジションを持った場合、その抵抗線が機能して、跳ね返る前提でポジションを持っているはずです。しかし、その抵抗線が破られたにもかかわらず、ポジションを持ち続けるのはいけません（**図4－2**）。

　また、抵抗線まで到達した相場は、反転する可能性が高いと考えることができるにもかかわらず、利食いしない。それも抵抗線を無視したトレードです。

ボリンジャーバンドを使いこなす

　たくさんのテクニカル指標があります。どのテクニカル指標を使うか
迷うと思います。

　初心者の方は、まずボリンジャーバンドだけを使ってトレードするこ
とを勧めます。初心者だけでなく中上級者もボリンジャーバンドだけの
トレードはとてもお勧めです。ボリンジャーバンドの何が良いかという
と、何よりもそのシンプルさです**（図4－3）**。

　たくさんの異なる時間軸の指標や、複数の性質や目的の異なる指標を
同時に表示させるほうが高度だとの思い込みは根強いものがあります。

　しかし本当に高度なのは、シンプルなものです。複雑なものをたくさ
ん使うことは誰にでもできます。

センターライン → 21本のローソク足終値の平均値
±1σ→ 68.3%
±2σ→ 95.5%

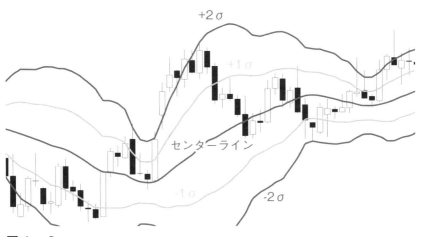

図4－3

ボリンジャーバンドには次の長所と短所があります。

ボリンジャーバンドの長所

①相場の大きな方向性がわかる

　ボリンジャーバンドの向きによって、相場の方向性がわかります（**図4−4**）。例えばバンドが上向きなら上昇方向、下向きなら下落方向、横向きなら横ばいです。

②ボラティリティを把握できる

　ボリンジャーバンドのバンド幅が広いと、ボラティリティ（価格変動率）が大きいことを示し、バンド幅が狭いと、ボラティリティが小さいことを示します（**図4−5**）。

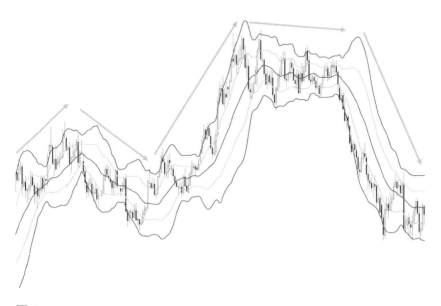

図4−4

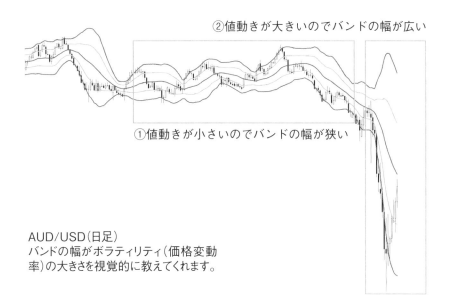

②値動きが大きいのでバンドの幅が広い

①値動きが小さいのでバンドの幅が狭い

AUD/USD（日足）
バンドの幅がボラティリティ（価格変動
率）の大きさを視覚的に教えてくれます。

図4－5

③トレンド相場の判断がしやすい

　トレンド相場では、＋１σを上回っているとわかりやすい上昇トレン
ド発生と見ます（**図4－6**）。これはバンドウォークと言います。

　同じように、－１σを下回っているとわかりやすい下降トレンド発生
と見ます。

④調整に入る兆候がつかみやすい

　調整とは、トレンドの一休みということです。

　トレンドがいったん小休止する時の兆候は上昇トレンドの場合は＋１
σを終値で下回ること、また下落トレンドの場合は－１σを終値で上回
ることです（**図4－7**）。

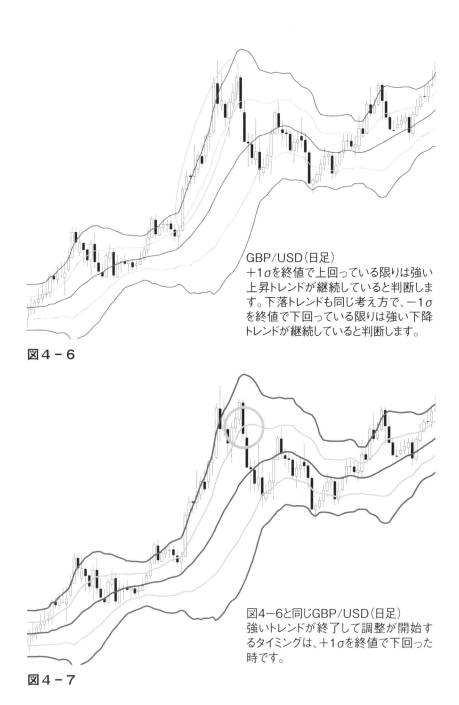

GBP/USD（日足）
＋1σを終値で上回っている限りは強い
上昇トレンドが継続していると判断しま
す。下落トレンドも同じ考え方で、−1σ
を終値で下回っている限りは強い下降
トレンドが継続していると判断します。

図4－6

図4－6と同じGBP/USD（日足）
強いトレンドが終了して調整が開始す
るタイミングは、＋1σを終値で下回った
時です。

図4－7

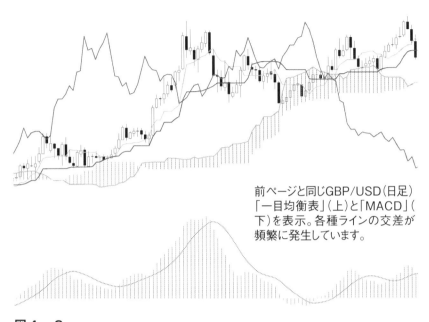

前ページと同じGBP/USD（日足）
「一目均衡表」（上）と「MACD」（
下）を表示。各種ラインの交差が
頻繁に発生しています。

図4-8

⑤シグナルの種類が少ない

　ボリンジャーバンドは、他のインジケータと比べてひとつの特徴があ
ります。それはバンドの５本の線がそれぞれ絶対に交差しないというこ
とです。

　それに対して他のほとんどのインジケータは、目的の異なる複数の線
を交差させることによって相場の変化を知ろうとします（**図4-8**）。

⑥売買ポイントを絞りやすい

　売買ポイントは５本の線のどこかだけです。職人技的判断が必要な、
中途半端な売買ポイントがたくさんあるというわけではないのです。

ボリンジャーバンドの短所

間違った使い方をすると相場を誤解しやすい

　間違った使い方とは、

「－2σで買い、＋2σで売り」

「＋2σを越えていたら売り、－2σを下回っていたら買い」

　などです（**図4－9**）。

　なぜ間違っているかというと、ボリンジャーバンドの性質を無視しているからです。

　レンジ相場では－2σで買うと利益になるかもしれませんが、トレンド相場では逆に、－2σから売っていく必要がある場合もあります。これは正しく使えば解決することなので、短所と言えないかもしれません。

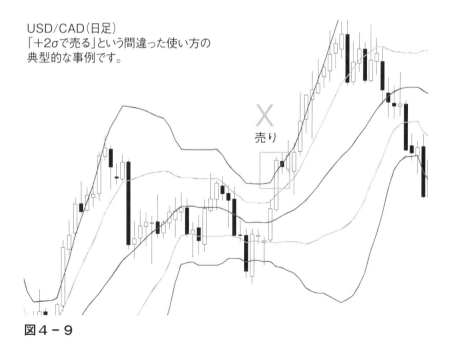

USD/CAD（日足）
「＋2σで売る」という間違った使い方の
典型的な事例です。

X
売り

図4－9

テクニカル指標はあくまで道具

　ボリンジャーバンドばかり見ようとする人がいます。

　ボリンジャーバンドに限りませんが、テクニカル指標が主役ではなく相場（語弊がありますが、ローソク足チャート）が主役です。

　チャートをわかりやすくするために、補助的な役割としてテクニカル指標を使っています。

　逆転しないようにしてください。

　ボリンジャーバンドはあくまで相場を判断するための道具です。ボリンジャーバンドを見て、エントリーポイントを探そうとするのではなく、チャートを見て、そのチャートを映し出すための道具としてボリンジャーバンドを見て、そしてエントリーポイントがあればエントリーを検討する、という順番です。

複数の時間軸で分析する

　私は専業トレーダーでなく、普段デイトレードをすることもほとんどないので、毎日の日課として日足・週足・月足を確認しています。
　副業トレーダーにとっては、日足以上の足でゆったりトレードするのが合っていると思います。
　日足が短い時間軸ですが、日足だけ見ていてもわからない世界があります。それは相場の大きな方向性です。
　だから週足と月足を確認することが必要です。

　デイトレーダーの場合は、例えば5分足で取引する人の場合、1時間足や4時間足の動きを確認することは必須でしょうし、できれば日足まで見ておくのが理想です。
　同じくデイトレーダーで、1時間足で取引する場合は、4時間足と日足は必須、可能であれば週足まで見ておくことが望ましいです。
　「木を見て森を見ず」ということにならないために。

通貨の力関係を見極めるには

　FX は通貨ペアの交換比率の変動で利益を狙う投資方法です。つまり、利益を上げていくには通貨ペアを分析する必要があります。通貨の力関係を分析することで、値動きの方向性を把握することができ、ひいては利益を上げることにつながります。だから、通貨の力関係を見極めることが大切です。

　通貨の力関係を見極めるための簡単な方法は、毎日できるだけたくさんの通貨ペアを見ることです。

　ひとつの通貨ペアだけを見ていたら、わかるのはその2つの通貨同士の関係だけで、それぞれの通貨が相場全体で強いのか、弱いのかは見えてきません。

　外貨と株式の大きな違いが存在します。

　株式の場合、もちろん平時であれば買われる株がある一方で、売られる株もあります。業績が良ければ買われ、業績が悪ければ売られる。またセクターによって買われたり売られたりします。

　しかし、暴落相場ではどの株も一斉に売られることがありますし、バブル相場ではクズ株も含めてどんな株も買われて値上がりすることがあります。

　株は相対性ではなく、絶対性で評価されるからです。他の株がどうかは関係なく、その株が買われるか売られるかだけです。

　それに対して外国為替の場合は相対性です（53ページ参照）。

　そんなことはあり得ないですが、仮にすべての通貨の価値が同じように上昇したら交換価値は不変なので、どの通貨も上がらないし下がらないということになります。

　また、逆にすべての通貨の価値が同じように下落しても交換価値が不

変なので、どの通貨も上がらないし下がらないということになります。

　FX は交換です。そして相対性です。ですから「みんな素晴らしい」「甲乙つけがたい」ということはないのです。

　どれも良くても、その中で少しでも見劣りするものは、他の通貨との比較で下落するということです。

　私は毎日 28 通貨ペアを見ています。

　ドル、円、ユーロ、ポンド、スイスフラン、豪ドル、カナダドル、ニュージーランドドルの 8 通貨ペアの組み合わせです。

　28 通貨ペアは、具体的には以下の通りです。

　○ドル／円
　○ユーロ／ドル
　○ポンド／ドル
　○ドル／スイスフラン
　○豪ドル／ドル
　○ドル／カナダドル
　○ NZ ドル／ドル
　○ユーロ／円
　○ポンド／円
　○スイスフラン／円
　○豪ドル／円
　○カナダドル／円
　○ NZ ドル／円
　○ユーロ／ポンド
　○ユーロ／スイスフラン
　○ユーロ／豪ドル
　○ユーロ／カナダドル
　○ユーロ／ NZ ドル
　○ポンド／スイスフラン
　○ポンド／豪ドル

○ポンド／カナダドル

○ポンド／NZ ドル

○豪ドル／スイスフラン

○豪ドル／カナダドル

○豪ドル／NZ ドル

○カナダドル／スイスフラン

○ NZ ドル／スイスフラン

○ NZ ドル／カナダドル

　そうすると、どの通貨が買われていて、どの通貨が売られているか、また最も買われているのはどの通貨か、さらに上級者では、どの通貨が乖離が開いて調整が始まる可能性が高くなっているかなど、判断できるようになります。

　例えば、ユーロ／円やユーロ／ドルを見て、両方下落していたから、ユーロが売られている、ユーロが弱いと判断するのは早計です。

　ユーロ／円やユーロ／ドルは下落していても、ユーロ／ポンドは上昇、ユーロ／豪ドルも上昇、ユーロ／スイスフランも上昇、ユーロ／カナダドルも上昇、ユーロ／ NZ ドルも上昇していたら？

　円やドルが買われていて（おそらくリスクオフで？）、しかしユーロは相対的に弱くないと判断できます。

Chapter 4　まとめ

- ●相場が動く方向にポジションを持つことが何よりも大事
- ●相場はそもそもわからないから、予想しても意味がない
- ●トレンドと抵抗線を無視しなければ大きな失敗はしない
- ●ボリンジャーバンドを使いこなすだけで十分な利益になる
- ●複数の時間軸で分析する
- ●通貨の力関係を見極めるにはたくさんの通貨を見る

勝ちパターンを構築しよう

資金管理の3大要素

本章では、自分の勝ちパターンを構築するための方法論を提示します。

勝ちパターンは、まずは負けないことです。負けないためには、「大きく負けないこと」と「たくさん負けすぎないこと」を考える必要があります。さらに資金管理をしっかりすることが前提条件となります。資金管理には以下の3つがあげられます。

損失許容

損失許容は、一度のトレードで、損切りした場合、どのくらいの損切りを許容するかということです。一度にいくらなら負けても良いか、継続してトレードができる範囲かを考えることだと言えます。

例えば、一度のトレードで5％負けたとします。仮に5連敗したら、証拠金の25％がなくなってしまいます。

これでは証拠金を増やしていくのは難しいでしょう。

損失許容は人それぞれだと言えますが、基本的な考え方がいくつかあります。

・機械的に損切りできる金額（値幅）かどうか
・何連敗してもトレード継続の意欲（モチベーション）に影響しないか
・期待リターンに比べて損失許容のほうが大きすぎないか

機械的に損切りできることは、基本中の基本です。
損切りに心理的抵抗を感じ、損切りを躊躇しているうちに含み損が拡大していって、気がつくともう手遅れ、というケースがあります。こう

やってできあがるのがいわゆる「塩漬けポジション」です。

「機械的に損切りできる＝躊躇しない範囲での損失許容」を決めましょう。ちなみに、損失許容は自分で自由に決めることができます。

　損失許容額を決めたあとで、その金額に収まるようにポジションサイズを決めます。

　資金管理はパターン化する必要があります。

　その日の気分でポジションサイズを大きくするか、小さくするかを決めてはいつか破産する可能性が高くなるでしょう。

　例えば、通常は証拠金額の 0.25 ％、増し玉（ポジションを積み増やすこと）の場合は 0.1 ％ずつ、口座全体でレバレッジ 2 倍以内、というのが私自身の基準です。

勝率

　勝率は自分では決められない要素ではありますが、トレード記録から自分の勝率を確認することができます。

　勝率 60 ％ならば、100 回エントリーした結果、60 回の利食い、40 回の損切りです。300 回エントリーした場合、180 回の利食い、120 回の損切りです。

　勝率は最低でも 50 ％を超えている状態であるのが望ましいです。ただし、勝率 70 ％、80 ％を求める必要はありません。

リスクリワード

　リスクリワードとは、損失になる場合の損切り額と比べて、利益になる場合の利益額がどの程度大きいかを示す指標です。

　例えば、リスクリワード 1：1 ならば、損失額 1 に対して利益額も 1、つまり同じだということです。

　損切りした場合の損失額が、金額で言えば 1 万円だとします。すると、利食いした場合の利益額も 1 万円ということになり、勝率が 50 ％を少しでも上回っていたら、トータルで勝てるということです。

論理的には、リスクリワードが 1：1 でも、勝率が 50％を少しでも上回ったら勝てる。勝率が 50％でも、リスクリワードが 1：1 を少しでも上回っていたら勝てるということになります。

　勝率も最低 50％以上、リスクリワードも最低 1：1 以上が健全です（正確に勝率 50％ぴったり、リスクリワード 1：1 ぴったりだと、手数料やスプレッド分、損をしてしまいます）。

　ちなみに、私が考える適正勝率は 58 〜 72％、適正リスクリワードは 1：1.2 〜 1：2 です。

　勝率 58％、リスクリワード 1：1.2 の場合を考えてみましょう。

　100 万円の証拠金を使い、300 回取引をするとします。また、1 回の損失許容は 5000 円とします。

　勝率 58％ですから、
利食い 0.58 回× 300 トレード= 174 回の利食い
損切り 0.42 回× 300 トレード= 126 回の損切り

利食い額= 174 回×（5000 円× 1.2）= 1,044,000 円
損切り額= 126 回×（5000 円× 1.0）= 630,000 円

利食い額 1,044,000 円−損切り額 630,000 円= 414,000 円

41 万 4000 円が最終的な利益額です。

　100 万円の証拠金で 300 回トレードしたら、141 万 4000 円になるという計算です。

　勝率も、リスクリワードも、マイナスでなければほどほどでも大丈夫なのです。

売買ポイントをパターン化する

次に、どこで買い、どこで売るかです。

多くのトレーダーはここに一番関心があるのではないでしょうか。

しかし売買のポイントは、トレードの中では、ごく一部にすぎません。どこで買うか、どこで売るかは、大事なポイントですが、それだけを追求しないことです。

売買ポイントを決める際は、「感覚」や「勘」や「相場の成り行き」で決めてはなりません。

その理由は、そのエントリー判断が正しいか間違いかをあとから判断できないこと（もちろんエントリーが正しくても利益になるとは限りません）、そして将来同じことを再現できないことです。

再現できないということは、毎度ゼロから判断をしなければならず、基準がないということです。基準がなければ、勝ったのが必然なのか偶然なのかわからない、同じように勝つためにどのように行動したら良いのかもわからない、という結果になってしまいます。

〈売買ポイントの決め方〉
・いつも同じ判断ができるポイントで売買する
・人に説明できるポイントで売買する（なんとなく上がりそうだったから、ではダメ）
・相場はくり返すので、将来も同じような展開になったら今回と同じエントリーができるかどうかを考える

売買ポイントも、資金管理と同様に、「パターン化」する必要があります。

出口を決めてポジションを持つ

　ポジションを持つ際は、出口を決めるのが先です。つまり、出口戦略がないのにポジションを持ってはいけないということです。

　出口戦略とは「事前シミュレーション」「損切り」「利食い」「撤退のシナリオ」です。

　どうなったら損切りするのか。どのような展開で利食いするのか。また利食いか損切りかにかかわらず、どうなったらポジションを解消する決断をするのか。そのような戦略もないのにポジションを持ってはなりません。

4つの出口

①損切り

　損切りの出口はシンプルです。

　ストップ注文を置いて、ストップが約定したら損切りです。また、手動で損切りする判断の基準を明確につくっておくことです。

②利食い

　利食いは2つの側面から考えることができます。

　ひとつは、どこまで値幅が動いたら利食いするか。

　2つ目は、どのくらいの時間が経過したら利食いするか。

③無条件に撤退

　これは、損切りであろうと利食いであろうと、ポジションを解消する（撤退する）ための出口の決定です。

　損切りになるか利食いになるかはその結果次第です。

　ポジションを保有する理由がなくなったら撤退。これが鉄則です。

　ポジションを保有する理由とは何でしょうか？　それをエントリー（入口）前に明確にしておきましょう。

④ポジションを継続保有

　最後にポジションの継続保有です。これも出口のひとつです。

　いつ出るかわからない、いつポジションを解消するかわからない。そんなこともあると思います。

　長期的なポジションを持つ場合などに、この考え方をすることがあります。

　相場の急変がいつ起こるかはわかりませんから、ストップ注文を移動していきます。買いの場合はストップを上げていく、売りの場合はストップを下げていく。相場が急変したらストップが約定して自動的に利食い決済するように仕掛けておくやり方です。

利食いと損切りの技術を磨く

　利食いと損切りは、理論だけではうまくできるようにはなりません。技術を磨くことも必要です。

　ここで決済したほうが良いとわかっていても欲が出てしまう。損切りしないといけないことはわかっていてもタイミングが難しい。そんな場面を何度も経験することによって、理論と実践が統合されていきます。

　私たちは経済評論家ではなく、自分の利益や損失がかかった投資家です。自分の決断が利益や損失に直結するので、自分自身の感情や決断と付き合う技術が必要なのです。

　そう、利食いは技術、損切りも技術です。

　決めた通りに損切りできること、また決めた通りに利食いできることは技術です。その技術を磨いていくことも、自分の勝ちパターンを継続的に管理、保持するためには必要です。

決めた通りに躊躇なく利食いできる

　もっと上昇するのではないか、もっと下落するのではないか。もっとたくさん利益を取れるのではないか。ここで利食いしたらもったいないのではないか。そんな感情と戦わなければなりません。

　損切りも同様です。いや、損切りのほうが感情を揺さぶられるのは、多くのトレーダーの実感だと思います。

　今は含み損だがそのうち戻すのではないか、今損失を確定するのはもったいないのではないか。損切りを躊躇していた結果、取り返しのつかないことになってしまい、自責と後悔に支配されることも多々あります。

　それは大きなストレスです。毎回の取引で、そんなストレスを抱えなければならないなら、トレードで成功するために支払うべき対価はとて

つもなく大きなものになります。

賢い方法は、「戦わないこと」です。利食いや損切りが技術だとすれば、それは戦う技術ではなく、戦わないための技術です。

戦わないための技術を3つお伝えします。

①利食いや損切りの条件を事前に決めておくこと

「相場の動きに合わせてポジションを調整していく」と言えばカッコよく聞こえるかもしれません。その場その場での、利食いや損切りの判断は、まさにトレーディングの醍醐味と言えるものです。

しかしその醍醐味を捨てることが、戦わずして勝つための技術です。利食いの条件、損切りの条件は、ポジションを持つ前に決めておくことです。いったんポジションを持ったら、よほどのことがない限り決めておいた通りに利食いや損切りをします。

②最大損失額がわかっていること

ポジションを持つ前に、損切りした場合に発生する損失額の上限を決めることです。多くの人にとって、お勘定がいくらかかるかわからないお店で食べるのはストレスだと思います。

トレードでは、そのトレードで最大いくらの損失が発生するかわからない状態でポジションを持つのは、粋(いき)でもなんでもありません。最大でも「〇円以下の損失が出ない」という状態で安心してエントリーしましょう。ストップ注文とポジションサイズの調整で、最大損失額のコントロールが可能です。

③損失を出さない仕組みを使うこと

最初から損失を出さない仕組みはありませんが、いったん含み益(決済されていない利益)が生じた場合、その含み益を失わないようにする方法があります。

それが「トレーリング・ストップ」です(**図5-1**)。

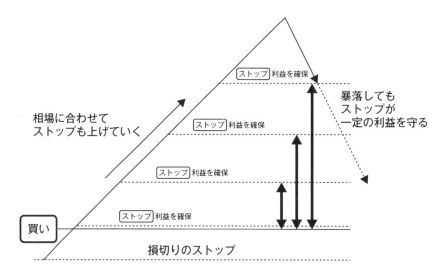

相場に合わせて
ストップも上げていく

暴落しても
ストップが
一定の利益を守る

ストップ 利益を確保

ストップ 利益を確保

ストップ 利益を確保

ストップ 利益を確保

買い

損切りのストップ

トレーリング・ストップを使えるようになると、相場が上昇しても下落しても
利益を確保できるようになります。

図5-1

　買って上昇したら、ストップ注文を買った価格よりも上に移動する。
売って下落したら、ストップ注文を売った価格より下に移動する。これ
で、その後どのように相場が動いても利益を確保することが可能になり
ます。

負けパターンを取り除く

　勝ちパターンがあれば、負けパターンもあります。

　利益になっているトレーダーが1割、損失になっているトレーダーが9割だとすると、9割の人は負けパターンにはまっていると考えることができます。

　勝つためには、勝ちパターンを身につけることももちろん大切ですが、負けパターンにはまらないようにすることが大事です。

　多くのトレーダーが陥っている負けパターンを知っておくことは有益です。負けパターンを知れば、それを意識して避けることができます。

　以下は、私がこれまで10年近くFXトレードを教えてきた中で見てきた、失敗している人たちが陥っていた負けパターンです。

負けパターン

①テレビやスマホ、漫画やゲームなどと同じように、目的もないのにチャートを開きたくなって、チャートを見て時間をつぶしてしまう。

②前もって戦略を考えることなく、思いつきでポジションを持つ。

③分析手法をころころと変える。

④少し動いたら大きな利益や大きな損失になるような高いレバレッジをかけるので、ポジションが気になってしかたない。

⑤利食いも損切りも自分の感情によって行う。

⑥人の意見に左右される。

⑦上昇するはずだと思い込んでいるので、下げてもナンピン（無計画な買い増し）し続ける。

⑧いつも人の批判をしている。

⑨お金に困っている中でトレードを行う（困っているので待てない）。

⑩「今回だけは特別だ」と考える。

⑪日足でトレードしているはずだったのに、いつの間にか1時間足が気になり出す。

⑫経済ニュースに右往左往する。

⑬仕事の空き時間にこっそりチャートをチェックしている。

⑭短期トレードのつもりでポジションを持ったのに、含み損になると長期ポジションに変更してしまう。

　この中で、自分の負けパターンはどれでしょうか？

　自分の負けパターンを把握しておけば、そこに陥らないようにするだけで、勝ちパターンに近づいていきます。

鹿子木式勝ちパターン１・２

　ここでは、勝ちパターンの実例として、鹿子木式勝ちパターン１と勝ちパターン２をご紹介します。

　「鹿子木式勝ちパターン」は私が考案した、テクニカル分析と行動ルール、そして資金管理を統合した勝ちパターンです。１から10までの10種類がありますが、ここではその中の２種類について説明します。

鹿子木式勝ちパターン１

　勝ちパターン１は、トレンドの調整波を利益に変えることを狙う勝ちパターンです。

　行きすぎた相場、つまり乖離が大きくなりすぎた相場はその乖離を埋めようとする力が働きます。

　その乖離を埋める動きがいわゆる「調整」と言われる動きなのです。

　勝ちパターン１はもちろん、やみくもに「そろそろ反転上昇しそうだ」「そろそろ反転下落しそうだ」というように値ごろ感や直感に頼る考え方ではありません。

　調整が始まるかどうかを判断する基準があります。

　調整を狙うのはいくつかの利点があります。例えば、調整の動きはわかりやすいというのがそのひとつです。

　トレンドは基本的にどこまで続くのか予測するのは難しいですが、調整ならば、調整が始まったことをある程度把握することが可能です。また、調整が始まった場合は、一定の値動きをする場合が多いです。

　トレンドが強ければ強いほど、調整の値幅は大きくなる傾向があります（絶対ではありません）。また、トレンドの継続期間が長ければ長い

ほど、調整が始まった時に調整幅が大きくなる傾向があります（これも絶対ではありません）。

　勝ちパターン1を図解します。

買いの場合（図5-2）

①下落方向にバンドウォークが発生しているチャートを見つけます。

②バンドウォークがローソク足9本以上継続したあと、-1σを終値で上回ったら買いサイン。

③-1σ近辺までが買いゾーンです。

④ストップは直近安値の下、あるいは-2σに置きます。

⑤リミットは+2σに置きます。

⑥利食いは3回に分けます。1回目がセンターライン、2回目が+1σ、3回目が+2σです。

⑦最初の利食いを行った時に、ストップを買値平均価格より上に置き直します。

⑧損切りは-1σを終値で再び下回った時です。

売りの場合（図5-3）

①上昇方向にバンドウォークが発生しているチャートを見つけます。

②バンドウォークがローソク足9本以上継続したあと、+1σを終値で下回ったら売りサイン。

③+1σ近辺までが売りゾーンです。

④ストップは直近高値の上、あるいは+2σに置きます。

⑤リミットは-2σに置きます。

⑥利食いは3回に分けます。1回目がセンターライン、2回目が-1σ、3回目が-2σです。

⑦最初の利食いを行った時に、ストップを売値平均価格より下に置き直します。

⑧損切りは+1σを終値で再び上回った時です。

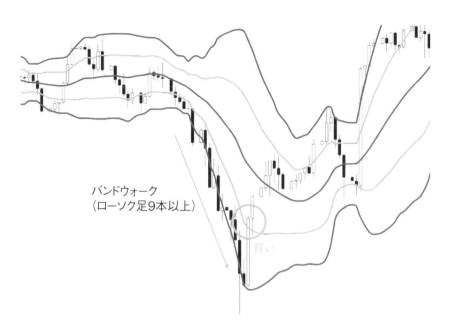

バンドウォーク
（ローソク足9本以上）

買い

図5-2

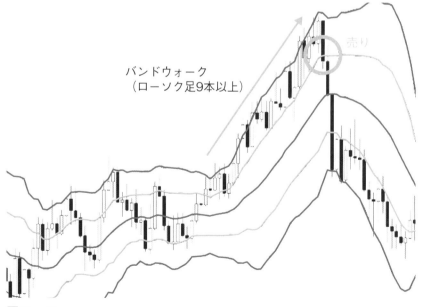

バンドウォーク
（ローソク足9本以上）

売り

図5-3

勝ちパターンの資金管理

　買いと売りいずれの場合にも、ポジションサイズを大きくしすぎては
いけません。

　ポジションサイズの決め方は2通りあります。ひとつは、最大損失許
容額（ストップが約定した時に発生する損失額）から逆算して決める方
法。もうひとつは、レバレッジから決める方法です。

　最大損失許容額から決める場合は、証拠金額の0.25〜0.5％程度にし
ます。レバレッジから決める場合は、レバレッジ0.25〜0.5倍程度にし
ます。

　異なる通貨ペアのポジションを複数保有している時にも、口座全体で
のレバレッジは2〜3倍以内にしましょう。

鹿子木式勝ちパターン2

　勝ちパターン2は、トレンドの初動をとらえ、他の市場参加者たちがトレンド相場に参入し始める前にトレンドに乗ってしまう勝ちパターンです。

　トレンド相場が始まる時にはいくつかの兆候が表れます。その兆候を見逃さず、トレンドの初動に乗ることによって、いち早く有利なポジションを持つことを狙います。

　トレンドは一度発生すれば終了するまで上昇または下落を続けます。

　誰の目にも明らかにトレンドが発生しているタイミングでトレンド方向にポジションを持つと、「買ったところが天井だった」「売ったところが大底だった」といったことが起こるリスクがあります。

　そこで、できるだけ早くトレンドを見つけ、トレンドに乗るのです。

　トレンドに早く乗ろうとする場合、ダマシのリスクが上がりますが、ダマシを回避するために2つのサインを確認します。

　それは次の2つです。

・抵抗ライン（レンジの上限や下限）を突破すること
・センターラインと＋2σ（買いの場合）または−2σ（売りの場合）がともにローソク足の方向に向きを変えたこと

　以上2つのサインがそろったら、勝ちパターン2です。
　次に勝ちパターン2について説明します。

買いの場合（図5－4）

①レンジ相場が一定期間続いているチャートを見つけます。

②レンジの上限を突破したことを確認します。

③センターラインと＋2σが上向きに変化したことを確認します。

④センターラインまでが買いゾーンです。

⑤ストップは－1σに置きます。

⑥リミットはストップ幅の3倍程度遠く（上方向）に置きます。

⑦利食いは3回に分けて行います。1回目はトレンドが明確に動き始め
　た時、2回目はトレンドが加速した時、3回目はトレンドが終了した
　時です。

　（トレンドの終了は、勝ちパターン1売りの発生でわかります）

⑧最初に利食いを行った時に、ストップを買値平均価格に置き直します。

⑨損切りはセンターラインを終値で下回った時です。

売りの場合（図5－5）

①レンジ相場が一定期間続いているチャートを見つけます。

②レンジの下限を突破したことを確認します。

③センターラインと－2σが下向きに変化したことを確認します。

④センターラインまでが売りゾーンです。

⑤ストップは＋1σに置きます。

⑥リミットはストップ幅の3倍程度遠く（下方向）に置きます。

⑦利食いは3回に分けて行います。1回目はトレンドが明確に動き始め
　た時、2回目はトレンドが加速した時、3回目はトレンドが終了した
　時です。

　（トレンドの終了は、勝ちパターン1買いの発生でわかります）

⑧最初に利食いを行った時に、ストップを売値平均価格に置き直します。

⑨損切りはセンターラインを終値で上回った時です。

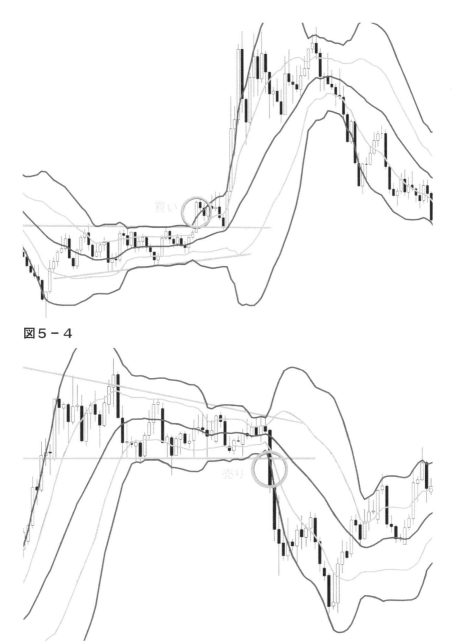

図5－4

図5－5

Chapter 5　まとめ

- ●資金管理の3大要素は「損失許容、勝率、リスクリワード」
- ●「どこで買い、どこで売るか？」をパターン化する
- ●出口を決めてからポジションを持つ
- ●利食いと損切りの技術を磨く
- ●負けパターンを取り除く
- ●調整相場で利益を狙う鹿子木式勝ちパターン1
- ●トレンド相場の初動からトレンドに乗る鹿子木式勝ちパターン2

Chapter

6

実践！
FXトレード・シミュレーション

ドル／円

　本章では、ドル／円とポンド／ドルの日足チャートを使って、勝ちパターン1と勝ちパターン2の実践トレード方法を解説します。

　対象としたチャートの期間は、いずれの通貨ペアも2015年から2020年までです。断片的にチャートを引用すれば著者の都合の良いように見せることができ実証の意味をなさないので、言い訳のできない連続した期間をすべて取り上げました。

　勝ちパターン1と2は相互連関性があるので、同じチャートで勝ちパターンが同時に発生していることにも気づかれると思います。

　チャートはこう見るのか！　そんな気づきを得ていただけたらうれしく思います。

ドル／円勝ちパターン実例チャート　1（図6−1）

①勝ちパターン2（買い）が発生。センターラインまでは買い場です。
　ストップは−1σに置きます。
②最初の利食いをして、ストップを買値平均価格より上に移動します。
③さらに上昇したら、2回目の利食いをします。
④＋1σを下回ったので、最後の利食いをしてクローズします。

スキルアップのための心得

最初の利食いポイントは悩むところだと思いますが、「もっと上がる」と感じても思い切って利食いすることです。何のためにタイミングをずらして利食いを分散するかというと、相場がどこまで上昇するかわからないからです。最初の利食いは早すぎても大丈夫、最後の利食いは遅すぎても大丈夫です。

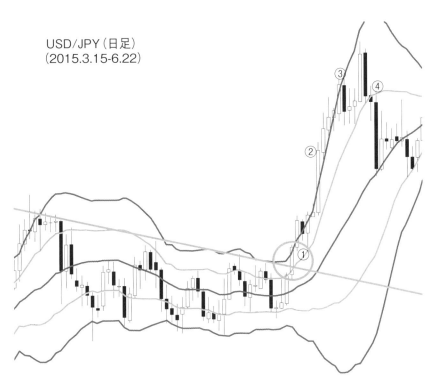

USD/JPY（日足）
（2015.3.15-6.22）

図6－1

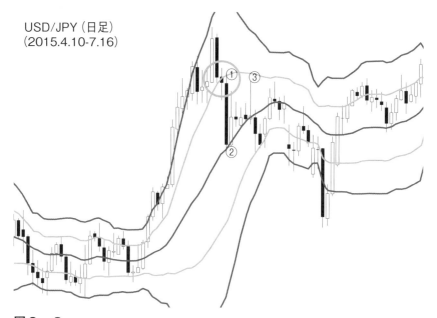

USD/JPY（日足）
（2015.4.10-7.16）

図6−2

①勝ちパターン1（売り）が発生。＋1σ近辺までは売り場です。ストップは直近高値上か、＋2σに置きます。

②センターラインで最初の利食いをして、ストップを売値平均価格より下に移動します。

③上昇したので、ストップが約定して利食い決済となり、クローズです。

スキルアップのための心得

　勝ちパターン1では指値をどこまで置くかで迷う方が多いです。コツは、「いつも同じ行動をすること」です。指値を多めに置く人は、いつも指値を多めに置いて成行注文の割合を減らす。成行で多めにポジションを持つ人は、いつも成行で多めにポジションを持つ。相場はわからないので、「今回は」「今回だけは」と思わないことが大事です。

ドル／円勝ちパターン実例チャート　3（図6−3）

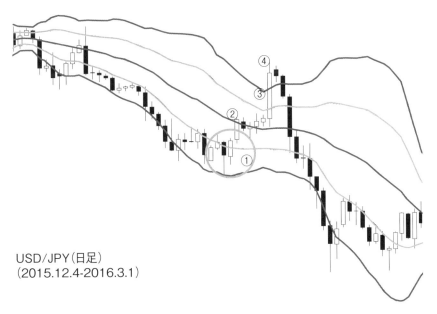

USD／JPY（日足）
（2015.12.4-2016.3.1）

図6−3

①勝ちパターン1（買い）が発生。−1σ近辺までは買い場です。ス
　トップは直近安値下か、−2σに置きます。

②センターラインで最初の利食いをして、ストップを買値平均価格よ
　り上に移動します。

③＋1σで2回目の利食いをします。

④＋2σで最後の利食いをしてクローズします。

スキルアップのための心得

段階的に利食いする際の利食いの割合は、自分で決めても大丈夫で
す。最初のセンターラインで半分利食いをして、残りを＋1σと＋
2σで4分の1ずつでも良いですし、1回目と2回目の利食いを4
分の1ずつ行って、最後まで半分残しておいても良いです。大事な
のは「いつも同じ行動をすること」です。

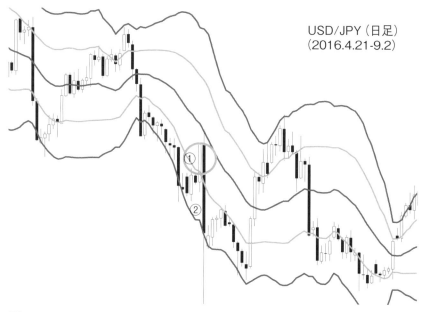

USD/JPY（日足）
（2016.4.21-9.2）

図6−4

①勝ちパターン1（買い）が発生。−1σ近辺までは買い場です。ストップは直近安値下か−2σに置きます。

②下落したのでストップが約定して損切り決済となり、クローズです。

スキルアップのための心得

　利食いできずに下落したら残念な気持ちになるものですが、損切りは普通に起こることなので落ち込まないことです。勝率7割の人も、100回ポジションを持てば30回は損切りをします。ストップが約定するのは良いことです。ストップが、損失がそれ以上広がるのを止めて（ストップ）くれる役割を果たしてくれたのです。

ドル／円勝ちパターン実例チャート　5（図6−5）

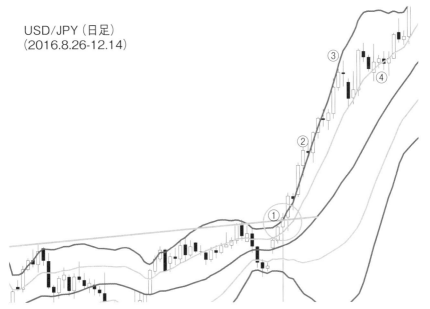

USD/JPY（日足）
（2016.8.26-12.14）

図6−5

①勝ちパターン２（買い）が発生。センターラインまでは買い場です。
　ストップは−１σに置きます。

②最初の利食いをして、ストップを買値平均価格より上に移動します。

③さらに上昇したら、２回目の利食いをします。

④＋１σを終値で下回ったので、最後の利食いをしてクローズします。

スキルアップのための心得

このチャートで勝ちパターン２（買い）が発生する直前の長い下髭
は、トランプ氏が大統領選挙で当選した際につけたものです。トラ
ンプ氏当選の報を受けて、一時的に大きく下落したものの、その後
一気に上昇相場になりました。ほとんどの評論家は「トランプ氏当
選で暴落する」と予想していました。評論家の言葉に耳を貸さず、
チャートに直接聞くことが大事です。

USD/JPY（日足）
（2016.9.12-2017.1.27）

図6-6

①勝ちパターン1（売り）が発生。ストップは直近高値上か、＋2σに
　置きます。

②＋1σを終値で上回ったので、損切り決済してクローズします。

スキルアップのための心得

　トレンドはいつまで続くかわからない、この考え方が基本です。調
整のタイミングも本来わかりません。その中で、比較的高い確率で
調整が始まるタイミングを見抜くのが勝ちパターン1です。あくま
で確率論なので、こだわってはいけません。調整が始まらなかった
ら損切り、調整が始まったら利食い。それだけです。自分の行動が
正しいか間違っているかは全く関係ありません。

ドル／円勝ちパターン実例チャート　7（図6−7）

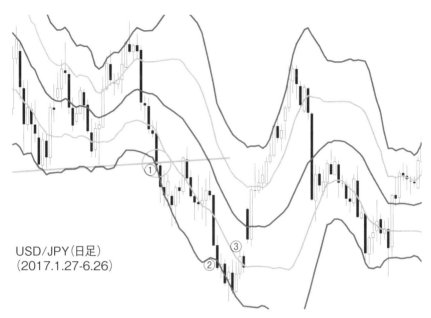

USD/JPY（日足）
（2017.1.27-6.26）

図6−7

①勝ちパターン2（売り）発生。センターラインまでは売り場です。ス
　トップは＋1σに置きます。

②最初の利食いをして、ストップを売値平均価格より下に移動します。

③−1σを終値で上回ったので、最後の利食いをしてクローズします。

スキルアップのための心得

　トレンド開始直後は−1σを上回ってもトレンドが本格化する前の
「ため」の動きだと考えますが、トレンドがある一定期間続いたあ
とに−1σを上回ったらトレンド終了の合図です。もちろん、また
トレンドが再開する場合も多いですが、そこを予想しても始まりま
せん。自分が利益にできる値幅だけを見ていれば良いのです。

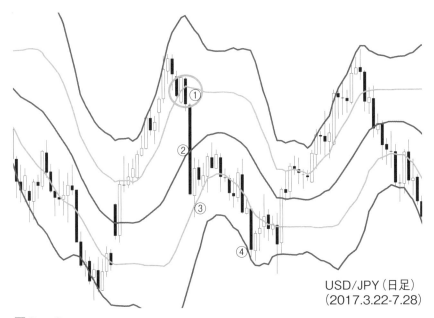

USD/JPY（日足）
（2017.3.22-7.28）

図6-8

①勝ちパターン１（売り）発生。＋１σ近辺までは売り場です。ストッ
　プは直近高値上か＋２σに置きます。

②センターラインで最初の利食いをして、ストップを売値平均価格より
　下に移動します。

③−１σで２回目の利食いをします。

④−２σで最後の利食いをしてクローズします。

スキルアップのための心得

勝ちパターン１で大きく利益になるのは、ボリンジャーバンドのバ
ンド幅が広がっている時です。バンドが広がっているということ
は、＋２σから−２σまでの値幅が広いということ。チャートの例
でも、下落する時は大きく下落します。

ドル／円勝ちパターン実例チャート　9（図6-9）

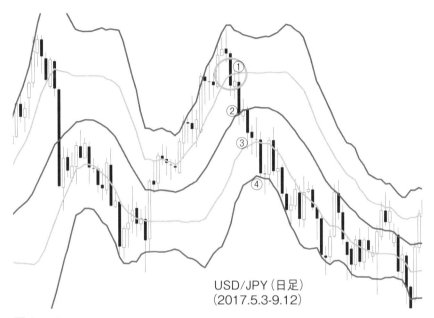

USD/JPY（日足）
（2017.5.3-9.12）

図6-9

①勝ちパターン1（売り）発生。＋1σ近辺までは売り場です。ストッ
　プは直近高値上か＋2σに置きます。

②センターラインで最初の利食いをして、ストップを売値平均価格より
　下に移動します。

③−1σで2回目の利食いをします。

④−2σで最後の利食いをしてクローズします。

スキルアップのための心得

利食いはあらかじめ指値（リミット）を置いておくほうが良いの？
それとも手動で決済したほうが良いの？　結論は、「どちらでも良
い」です。私はトレード時間を短縮したいので、ストップは置きま
すが、指値（リミット）は分散せず−2σ（売りの場合）か＋2
σ（買いの場合）にまとめて置きます。

USD/JPY（日足）
（2017.7.3-11.14）

図6−10

①勝ちパターン1（売り）発生。＋1σ近辺までは売り場です。ストップは直近高値上か＋2σに置きます。

②センターラインで最初の利食いをして、ストップを売値平均価格より下に移動します。

③−1σで2回目の利食いをします。

④−2σで最後の利食いをしてクローズします。

スキルアップのための心得

ストップを置く位置について、直近高値が良いのか、それとも＋2σが良いのか、迷う人もいるかもしれません。勝率を上げたいなら＋2σ、リスクリワードを上げたいなら直近高値が良いです。

ドル／円勝ちパターン実例チャート　11（図6−11）

USD/JPY（日足）
（2017.11.8-2018.3.29）

図6−11

①勝ちパターン２（売り）発生。センターラインまでは売り場です。ス
　トップは＋１σに置きます。

②最初の利食いをして、ストップを売値平均価格より下に移動します。

③さらに下落したら、２回目の利食いをします。

④−１σを終値で上回ったので、最後の利食いをしてクローズします。

スキルアップのための心得

　勝ちパターン２を判断する際に、レンジ相場の抵抗線（サポートや
レジスタンス）の引き方がわからないという人がいます。わからな
いのは、「取引するなというサイン」だと受け止めましょう。基準
となるラインを自分で引くだけだからです。その基準を下抜けた
り、上抜けたりしたら、動き出したと「見做して」その方向にポジ
ションを持ちます。

ドル／円勝ちパターン実例チャート　12（図6−12）

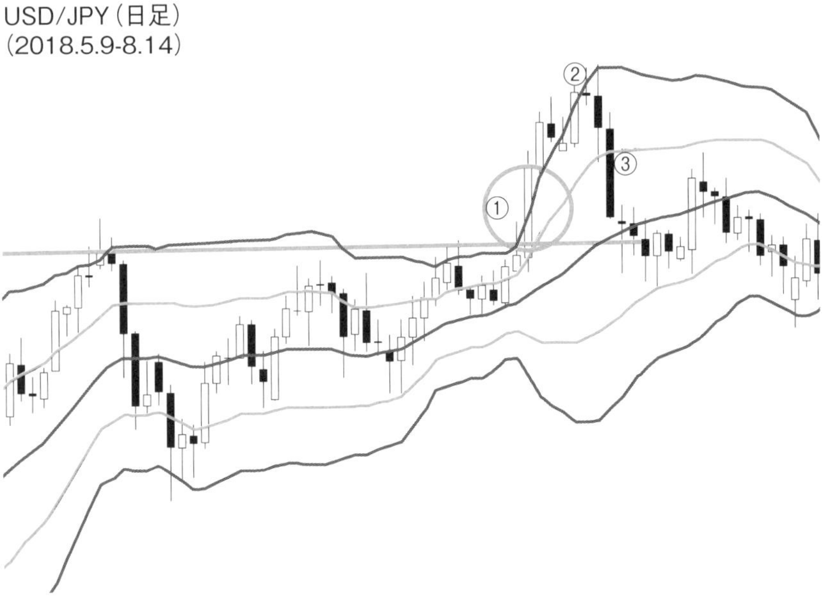
USD/JPY（日足）
（2018.5.9-8.14）
①
②
③

図6 − 12

①勝ちパターン２（買い）発生。センターラインまでは買い場です。ストップは−１σに置きます。

②最初の利食いをして、ストップを買値平均価格より上に移動します。

③＋１σを終値で下回ったので、最後の利食いをしてクローズします。

スキルアップのための心得

私の経験則では、勝ちパターン２（買い）が発生して、＋２σを上回っている時に一度くらいは利食いをしたほうが良いです。何度も言うように、「相場はわからないもの」です。わからないからこそ、後悔しないように一度くらいは上昇中に利食いをしておくのです。

ドル／円勝ちパターン実例チャート　13（図6-13）

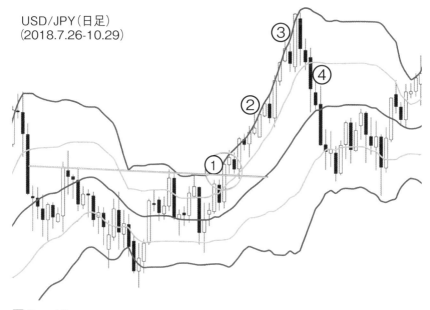

USD/JPY（日足）
（2018.7.26-10.29）

図6 - 13

①勝ちパターン２（買い）発生。センターラインまでは買い場です。

②最初の利食いをして、ストップを買値平均価格よりも上に移動します。

③さらに上昇したら、２回目の利食いをします。

④＋１σを下回ったので、最後の利食いをしてクローズします。

スキルアップのための心得

　反対方向の勝ちパターン１（この場合は売り方向）が発生したタイ
ミングが、勝ちパターン２（買い）のポジションを完全にクローズ
するタイミングです。勝ちパターン１と勝ちパターン２を知ってい
るだけで、相場でこんなにわかりやすくトレードできます。勝ちパ
ターン１と２は、相場の本質の基本中の基本と、取引の立ち振る舞
いの基本中の基本を凝縮したものです。

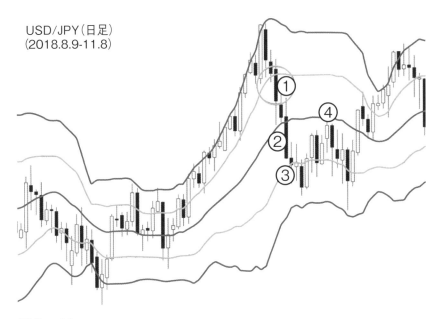

ドル／円勝ちパターン実例チャート　14（図6-14）

USD/JPY（日足）
（2018.8.9-11.8）

図6－14

①勝ちパターン1（売り）が発生。＋1σ近辺までは売り場です。ストップは直近高値上か＋2σに置きます。

②センターラインで最初の利食いをして、ストップを売値平均価格より下に移動します。

③－1σで2回目の利食いをします。

④上昇したので、ストップが約定して利食い決済となり、クローズです。

スキルアップのための心得

　勝ちパターン1もやはり、「どこまで行くかわからない」と考えます。勝ちパターン1（売り）の最終ターゲットは－2σですが、－2σまで下落するのが当然と考えていると、－2σまで下がらなかった時の対応で迷ってしまいます。センターラインで利食いできれば、あとは「ボーナスポイント」と考えておくことです。

120

ドル／円勝ちパターン実例チャート　15（図6−15）

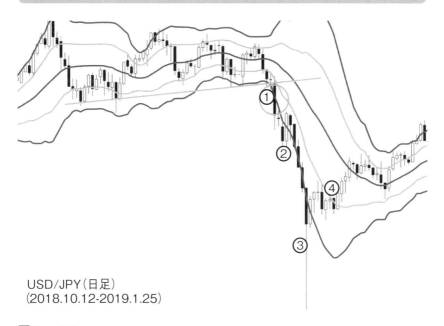

USD／JPY（日足）
（2018.10.12-2019.1.25）

図6−15

①勝ちパターン2（売り）発生。センターラインまでは売り場です。ス
　トップは＋1σに置きます。

②最初の利食いをして、ストップを売値平均価格より下に移動します。

③さらに下落したら、2回目の利食いをします。

④−1σを終値で上回ったので、最後の利食いをしてクローズします。

スキルアップのための心得

チャートのような暴落相場で長い下髭を伸ばした場合、利食いでき
るところで利食いしておきます。もちろん髭の先で利食いできれば
大きな利益ですが、タイミングが合うとは限りません。利益になっ
ただけで満足することと、暴落相場では迷わずたくさん利食いをす
ることが大事です。場合によっては−1σを上回るまで待つ必要も
ありません。

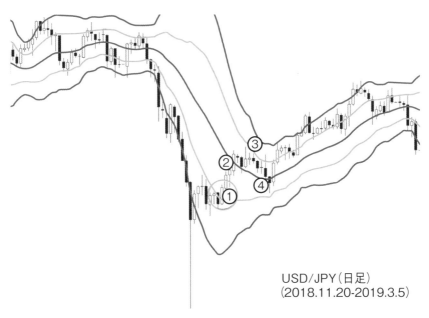

USD／JPY（日足）
（2018.11.20-2019.3.5）

図6－16

①勝ちパターン１（買い）発生。－１σ近辺までは買い場です。ストッ
　プは直近安値下か－２σに置きます。この場合は、直近安値は低すぎ
　るので－２σが良いでしょう。

②センターラインで最初の利食いをして、ストップを買値平均価格より
　上に移動します。

③＋１σで２回目の利食いをします。

④下落したので、ストップが約定して利食い決済となり、クローズです。

スキルアップのための心得

先ほどの暴落相場直後に勝ちパターン１（買い）が発生しています
す。勝ちパターン２の次は勝ちパターン１が続くとわかっていると
心の準備ができます。下髭を伸ばしたあとの勝ちパターン１（買
い）は上昇圧力が高くなっていると考えられます。

122

ドル／円勝ちパターン実例チャート　17（図6-17）

USD/JPY（日足）
（2019.3.29-6.12）

図6－17

①勝ちパターン1（買い）発生。－1σ近辺までは買い場です。ストッ
　プは直近安値下か－2σに置きます。

②センターラインで最初の利食いをして、ストップを買値平均価格より
　上に移動します。

③下落したので、ストップが約定して利食い決済となり、クローズです。

スキルアップのための心得

センターラインで利食いしたあとはボーナスポイントです。セン
ターラインより先まで上昇することを期待するのではなく、上昇し
た時と下落した時に取る行動を前もって決めておくことが大事で
す。トレードは今回だけではなくずっと続きます。ひとつのチャー
トにこだわっているより次のチャンスに早く行くほうが有利です。

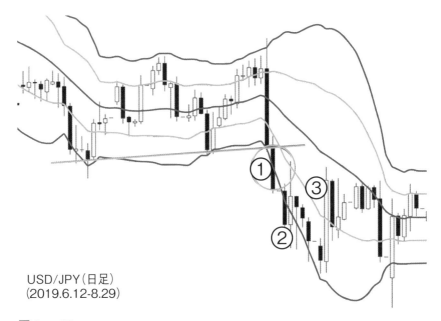

USD/JPY（日足）
（2019.6.12-8.29）

図6－18

①勝ちパターン２（売り）発生。センターラインまでは売り場です。ス
　トップは＋１σに置きます。

②最初の利食いをして、ストップを売値平均価格より下に移動します。

③－１σを終値で上回ったので、最後の利食いをしてクローズします。

スキルアップのための心得

　勝ちパターン２でトレンドがあまり取れなかった時（トレンドが長
く継続しなかった時）には、少しでも利益になったことを喜びまし
ょう。トレードでは大きな利益を取ることよりも、損失を小さく抑
えることのほうが重要なのです。

ドル／円勝ちパターン実例チャート　19（図6-19）

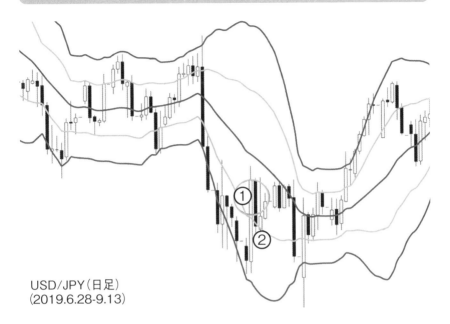

USD／JPY（日足）
（2019.6.28-9.13）

図6－19

①勝ちパターン1（買い）発生。－1σ近辺までは買い場です。ストップは直近安値下か－2σに置きます。

②－1σを終値で下回ったので、損切り決済してクローズします。

スキルアップのための心得

　勝ちパターン1（買い）でポジションを持った時、－1σを下回って損切りしたあと上昇して悔しく思う人がいるかもしれません。「もう少し我慢していたらよかった」「誤差の範囲だから厳密に損切りする必要もなかった」という思いも出てくると思います。そんな時、自分の行動は正しかったと認めてあげましょう。利益になったら正しい行動だった、損失になったら間違った行動だった。そのように考える人は相場でうまくいきません。

ドル／円勝ちパターン実例チャート　20（図6−20）

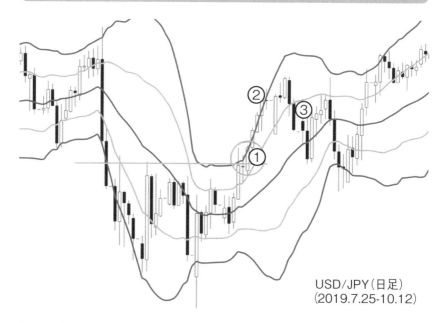

USD/JPY（日足）
（2019.7.25-10.12）

図6－20

①勝ちパターン2（買い）発生。センターラインまでは買い場です。ス
　トップは−1σに置きます。

②最初の利食いをして、ストップを買値平均価格よりも上に移動します。

③＋1σを終値で下回ったので、最後の利食いをしてクローズします。

スキルアップのための心得

　勝ちパターン2では、十分にトレンドが発生してからポジションを
持つのではなく、トレンドがこれから発生するという段階で、「ト
レンドの初動に乗ること」を大事にします。トレンドが始まれば、
早く参入したことで有利な展開になりますし、トレンドが始まらな
くても、早いエントリーなので損切りも躊躇なく行うことができ、
損失が大きくなることがありません。

ドル／円勝ちパターン実例チャート　21（図6−21）

USD/JPY（日足）
（2019.7.31-10.12）

図6 − 21

①勝ちパターン１（売り）発生。＋１σ近辺までは売り場です。ストッ
　プは直近高値上か＋２σに置きます。

②センターラインで最初の利食いをして、ストップを売値平均価格より
　下に移動します。

③上昇したので、ストップが約定して利食い決済となり、クローズです。

スキルアップのための心得

チャート上で勝ちパターン１（売り）が発生する前に、＋１σの下
に始値が位置しているローソク足があります。これは金曜日と月曜
日でギャップが生じたために起こった現象です。バンドウォークの
終了は終値で判断しますから、始値は無視しても大丈夫です。

ポンド／ドル

①勝ちパターン2（売り）発生。センターラインまでは売り場です。ストップは＋1σに置きます。

②最初の利食いをして、ストップを売値平均価格より下に移動します。

③さらに下落したら、2回目の利食いをします。

④−1σを終値で上回ったので、最後の利食いをしてクローズします。

スキルアップのための心得

　勝ちパターン2（売り）発生の条件は、レンジの下限（トレンドライン、サポートライン）を下落方向に突破すること、センターラインが下向きに変化すること、そして−2σが下向きに変化することです。どれかひとつでも条件が整っていない場合は、エントリーを考えてはいけません。

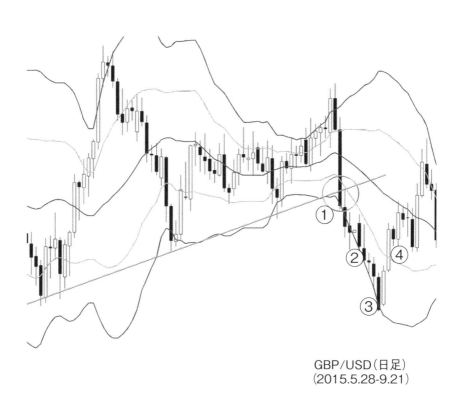

GBP/USD（日足）
（2015.5.28-9.21）

図6−22

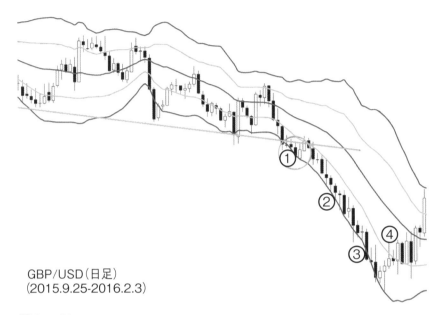

GBP/USD（日足）
（2015.9.25-2016.2.3）

図6-23

①勝ちパターン2（売り）発生。センターラインまでは売り場です。ス
　トップは＋1σに置きます。

②最初の利食いをして、ストップを売値平均価格より下に移動します。

③さらに下落したら、2回目の利食いをします。

④-1σを終値で上回ったので、最後の利食いをしてクローズします。

スキルアップのための心得

　相場は価格と時間という2つの要素が等しく作用しています。価格
と時間は同じように大切です。勝ちパターン2（売り）発生後のト
レンド継続期間は、基本的にはわからないものの、以下のような考
え方は可能です。ずるずると下げていく相場ではトレンドは長期間
続きやすい。一気に下げる相場ではトレンドは比較的早く収束しや
すい。

ポンド／ドル勝ちパターン実例チャート　3（図6−24）

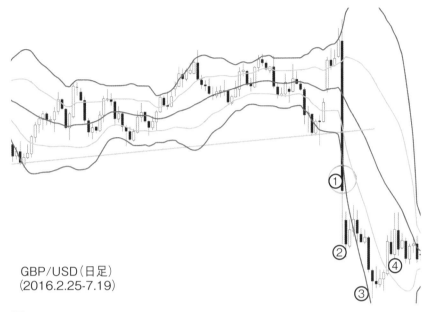

GBP/USD（日足）
（2016.2.25-7.19）

図6−24

①勝ちパターン2（売り）発生。センターラインまでは売り場です。ス
　トップは＋1σに置きます。

②最初の利食いをして、ストップを売値平均価格より下に移動します。

③さらに下落したら、2回目の利食いをします。

④−1σを終値で上回ったので、最後の利食いをしてクローズします。

スキルアップのための心得

先ほどのチャートと比べると、動き方が全く異なることがわかりま
す。このチャートでは①から④までが13日間（チャート13本）
であるのに対し、先ほどのチャートでは25日間（チャート25
本）でした。価格と時間は、反比例する傾向があることを覚えてお
きましょう。

ポンド／ドル勝ちパターン実例チャート　4（図6−25）

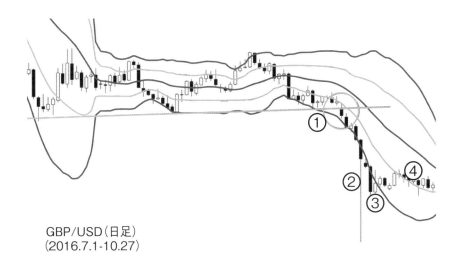

GBP/USD（日足）
（2016.7.1-10.27）

図6 − 25

①勝ちパターン２（売り）発生。センターラインまでは売り場です。ス
　トップは＋１σに置きます。

②最初の利食いをして、ストップを売値平均価格より下に移動します。

③さらに下落したら、２回目の利食いをします。

④−１σを終値で上回ったので、最後の利食いをしてクローズします。

スキルアップのための心得

　勝ちパターンが発生したらいつでもエントリーしなければならない
と考える必要はありません。エントリーするもしないも、自由で
す。勝ちパターンが発生したという判断と、エントリーするという
決断は、同時に行うものではありません。まず勝ちパターンを判
断、そして次にエントリーの決断です。ポジションを持ちたくない
と思ったら迷わず持たない。シンプルに考えましょう。

ポンド／ドル勝ちパターン実例チャート　5（図6-26）

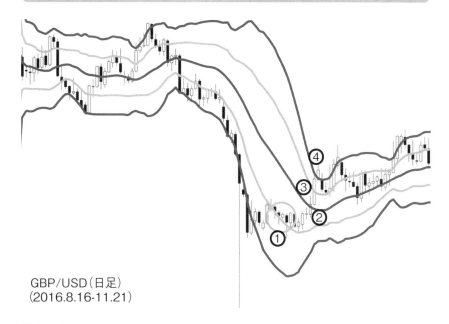

GBP/USD（日足）
（2016.8.16-11.21）

図6-26

①勝ちパターン1（買い）発生。-1σ近辺までは買い場です。ストッ
　プは直近安値か-2σに置きます。この場合は、直近安値は低すぎる
　ので-2σが良いでしょう。

②センターラインで最初の利食いをして、ストップを買値平均価格より
　上に移動します。

③+1σで2回目の利食いをします。

④+2σで最後の利食いをしてクローズします。

スキルアップのための心得

相場で利益にするための思考は、「相場のどこからどこまでを取る
か」を決めることです。つまり、どこで入ってどこで出るかです。
入るポイントと出るポイントを決めたならそれ以外の相場がどのよ
うに動こうと、喜ぶ必要も悲しむ必要もないわけです。

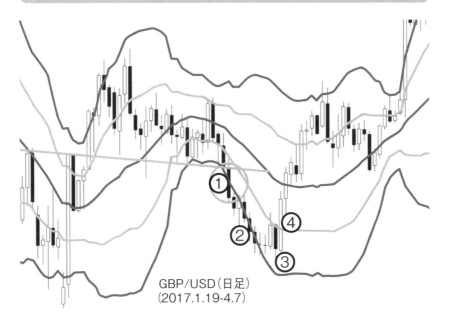

GBP/USD（日足）
（2017.1.19-4.7）

図6－27

①勝ちパターン２（売り）発生。センターラインまでは売り場です。ス
　トップは＋１σに置きます。

②最初の利食いをして、ストップを売値平均価格より下に移動します。

③さらに下落したら、２回目の利食いをします。

④－１σを終値で上回ったので、最後の利食いをしてクローズします。

スキルアップのための心得

　勝ちパターン２が発生したあとは、ボリンジャーバンドのバンド幅
が広がっていきます。安定したトレンドでは広がったバンドはその
幅を保ったまま動き、暴落や暴騰ではバンド幅が一気に広がります。

ポンド／ドル勝ちパターン実例チャート　7（図6－28）

GBP/USD（日足）
（2017.1.27-4.25）

図6－28

①勝ちパターン1（買い）発生。－1σ近辺までは買い場です。ストップは直近安値下か－2σに置きます。この場合は、直近安値は低すぎるので－2σが良いでしょう。

②センターラインで最初の利食いをして、ストップを買値平均価格より上に移動します。

③＋1σで2回目の利食いをします。

④＋2σで最後の利食いをしてクローズします。

スキルアップのための心得

　勝ちパターン1では、バンド幅が広い時に値動きが大きくなる傾向があります。つまり、－2σと＋2σの値幅が広い時です。バンド幅が広くなるのは、相場が一気に動いたあとか、トレンド最終局面での激しい値動きのあとです。

GBP/USD（日足）
（2017.3.17-6.7）

図6−29

①勝ちパターン1（売り）発生。＋1σまでは売り場です。ストップは
　直近高値上か＋2σに置きます。

②＋1σを終値で上回ったので、損切り決済してクローズします。

スキルアップのための心得

　勝ちパターン1では、損切りしたあとは、その相場はしばらく忘れ
ると良いです。他の通貨ペアで、いくらでもチャンスが来るのです
から、ひとつの通貨ペアにこだわっている時点で、相場を客観的に
見ることができていないことがわかります。

ポンド／ドル勝ちパターン実例チャート　9（図6−30）

GBP/USD（日足）
（2017.7.27-10.20）

図6 − 30

①勝ちパターン1（売り）が発生。＋1σ近辺までは売り場です。ストップは直近高値上か＋2σに置きます。

②センターラインで最初の利食いをして、ストップを売値平均価格より下に移動します。

③−1σで2回目の利食いをします。

④−2σで最後の利食いをしてクローズします。

スキルアップのための心得

異なる時間軸を見る利点として、勝ちパターン1と2が異なる時間軸で同時に発生するポイントを見つけられることがあります。この日足チャートの例では、勝ちパターン1（売り）発生時に、4時間足では勝ちパターン2（売り）が発生しています（日足の高値圏のもみ合いが、4時間足ではレンジ相場となっています）。

GBP/USD（日足）
（2017.10.5-12.26）

図6-31

①勝ちパターン2（買い）発生。センターラインまでは買い場です。ス
　トップは－1σに置きます。

②最初の利食いをして、ストップを買値平均価格より上に移動します。

③＋1σを終値で下回ったので、最後の利食いをしてクローズします。

スキルアップのための心得

トレンド相場には何パターンもあり、一気に上昇（下落）をしてい
く相場もあれば調整やもみ合いを何度もはさみながら上昇（下落）
していく相場もあります。勝ちパターン2（買い）の最後の出口は
調整開始を示唆する＋1σを終値で下回った時ですが、調整後にさ
らに上昇する場合も当然あります。どうしても大きな値幅を取りた
い場合は最後の利食いを温存する選択肢もあります。

ポンド／ドル勝ちパターン実例チャート11（図6-32）

GBP/USD（日足）
（2017.12.1-2018.3.2）

図6 - 32

①勝ちパターン１（売り）が発生。＋１σ近辺までは売り場です。ストップは直近高値上か＋２σに置きます。

②センターラインで最初の利食いをして、ストップを売値平均価格より下に移動します。

③-１σで２回目の利食いをします。

④上昇したので、ストップが約定して利食い決済となり、クローズです。

スキルアップのための心得

この勝ちパターン１（売り）は、勝ちパターンが発生直前にダブルトップ（二重天井）になっていた形。ダブルトップやダブルボトムそのものはあまり意味がないですが、勝ちパターンと組み合わされることによって、初めて取引で使えます。

GBP/USD（日足）
（2018.3.13-6.1）

図6 - 33

①勝ちパターン1（買い）発生。-1σ近辺までは買い場です。ストッ
　プは直近安値か-2σに置きます。

②-1σを終値で下回ったので損切り決済してクローズします。

スキルアップのための心得

このチャートでは、勝ちパターン1（買い）が発生したすぐあとに
-1σを下回っています。こういう展開は、言ってみれば「最高の
展開」です。なぜなら小さな値幅で損切りするチャンスがあったか
らです。じりじりと下げる相場はナンピン買いなどを狙っている人
にとっては最悪の相場ですが、損切りする人にとっては最高の相場
です。損切りはチャンスと心得ましょう。

ポンド／ドル勝ちパターン実例チャート　13（図6−34）

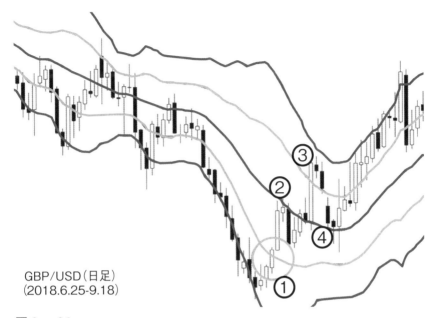

GBP／USD（日足）
（2018.6.25-9.18）

図6 − 34

①勝ちパターン１（買い）が発生。−１σ近辺までは買い場です。スト
　ップは直近安値下か−２σに置きます。

②センターラインで最初の利食いをして、ストップを買値平均価格より
　上に移動します。

③＋１σで２回目の利食いをします。

④下落したので、ストップが約定して利食い決済となり、クローズです。

スキルアップのための心得

ストップを買値平均価格より上に移動する時、１度移動すれば良い
のでしょうか、それとも利食いする度に移動すべきなのでしょう
か？　答えは「どちらでも良い」です。ストップを上げる目的は利
益を守ること。手段よりも目的が大事です。

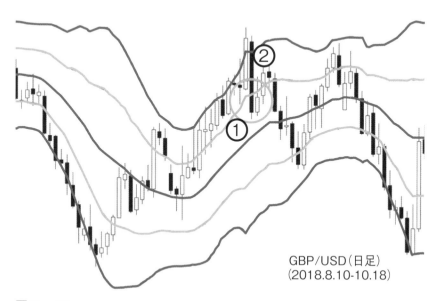

GBP/USD（日足）
（2018.8.10-10.18）

図6-35

①勝ちパターン1（売り）発生。＋1σ近辺までは売り場です。ストッ
　プは直近高値上か＋2σに置きます。

②＋1σを終値で上回ったので損切り決済してクローズします。

スキルアップのための心得

　このチャートの展開は、勝ちパターン1（買い）のあとに、連続し
て勝ちパターン1（売り）が発生した形です。このような展開で
は、相場に明確な方向感がない場合が多いので、深く考えず、単純
に勝ちパターン通りに見ていくのが良いです。

ポンド／ドル勝ちパターン実例チャート　15（図6−36）

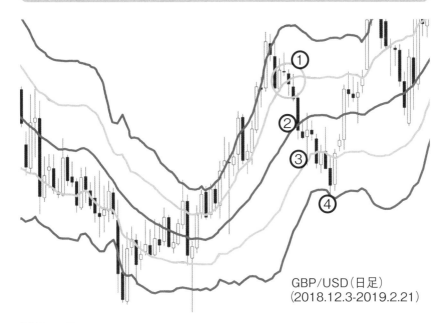

GBP/USD（日足）
（2018.12.3-2019.2.21）

図6−36

①勝ちパターン１（売り）が発生。＋１σ近辺までは売り場です。ストップは直近高値上か＋２σに置きます。

②センターラインで最初の利食いをして、ストップを売値平均価格より下に移動します。

③−１σで２回目の利食いをします。

④−２σで最後の利食いをしてクローズします。

スキルアップのための心得

勝ちパターン１（売り）発生後、多くの場合、いったん＋１σ（あるいは＋１σより上）に戻す動きをします。中には、長い上髭を伸ばし、「絶好の売り場」をつくってから下落するという展開も珍しくありません。心得ておきましょう。

GBP/USD（日足）
（2019.3.6-6.11）

図6 − 37

①勝ちパターン２（売り）発生。センターラインまでは売り場です。ス
　トップは＋１σに置きます。

②最初の利食いをして、ストップを売値平均価格より下に移動します。

③さらに下落したら、２回目の利食いをします。

④−１σを終値で上回ったので、最後の利食いをしてクローズします。

スキルアップのための心得

　このチャートでは、レンジ相場がしばらく続いたあと、レンジが崩
れたと同時に、ボリンジャーバンドが開き、−２σが下向きに、＋
２σが上向きになっています。これは典型的なトレンド相場発生の
サインですが、センターラインにも注目しましょう。センターライ
ンが下向きになることによって、下落方向への力が強く働きやすい
ことを確認できるからです。

ポンド／ドル勝ちパターン実例チャート　17（図6-38）

GBP/USD（日足）
（2019.4.24-7.15）

図6 - 38

①勝ちパターン１（買い）が発生。－１σ近辺までは買い場です。スト
　ップは直近安値下か－２σに置きます。

②センターラインで最初の利食いをして、ストップを買値平均価格より
　上に移動します。

③＋１σで２回目の利食いをします。

④下落したので、ストップが約定して利食い決済となり、クローズです。

スキルアップのための心得

前回のチャートの勝ちパターン２（売り）からの続きで、今度は勝
ちパターン１（買い）が発生しています。勝ちパターン２（売り）
はトレンドであり、勝ちパターン１（買い）は調整です。どちらが
優位かと言えば、もちろん勝ちパターン２（売り）です。

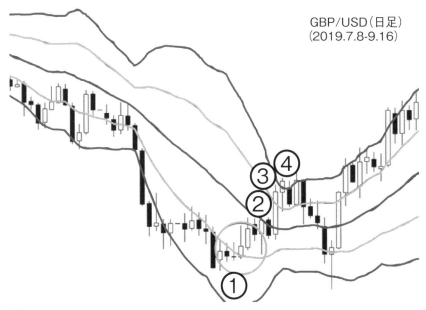

ポンド／ドル勝ちパターン実例チャート　18（図6-39）

GBP/USD（日足）
（2019.7.8-9.16）

図6－39

①勝ちパターン1（買い）が発生。－1σ近辺までは買い場です。ストップは直近安値下か－2σに置きます。

②センターラインで最初の利食いをして、ストップを買値平均価格より上に移動します。

③＋1σで2回目の利食いをします。

④＋2σで最後の利食いをしてクローズします。

スキルアップのための心得

このチャートでは、勝ちパターン1（買い）発生から6営業日で最終利食いポイントの＋2σに到達しています。しかし時には同じ＋2σまで上昇するのに10営業日、15営業日と時間がかかる場合もあります。そんな時にはセンターラインや＋1σで決済し早く決着をつけることがあっても良いと思います。

ポンド／ドル勝ちパターン実例チャート　19（図6−40）

GBP/USD（日足）
（2019.8.15-10.22）

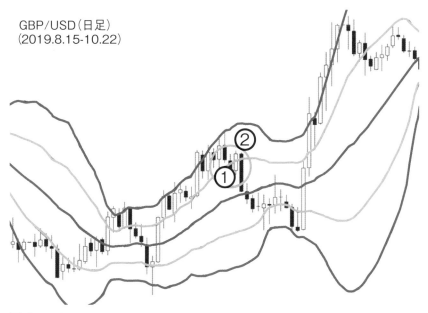

図6−40

①勝ちパターン１（売り）発生。＋１σ近辺までは売り場です。ストッ
　プは直近高値上か＋２σに置きます。

②＋１σを終値で上回ったので損切り決済してクローズします。

スキルアップのための心得

最後の利食いポイントである−２σには到達せず、反転上昇したの
がわかります。−２σの近くまで下髭を伸ばしているので、欲張ら
ず下のほうで利食いしていれば良かったと残念に思うかもしれませ
ん。しかし長いトレード人生を考えたら、こんなことは小さなこと
です。一度でも利食いできたらそれで満足しましょう。相場が続く
限り利益を得る機会も訪れ続けます。

ポンド／ドル勝ちパターン実例チャート　20（図6−41）

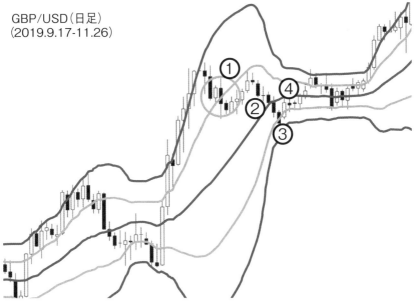

GBP/USD（日足）
（2019.9.17-11.26）

図6 − 41

①勝ちパターン１（売り）が発生。＋１σ近辺までは売り場です。ストップは直近高値上か＋２σに置きます。

②センターラインで最初の利食いをして、ストップを売値平均価格より下に移動します。

③−１σで２回目の利食いをします。

④上昇したので、ストップが約定して利食い決済となり、クローズです。

スキルアップのための心得

勝ちパターン１（売り）が発生したあと相場が上昇したら不安になるかもしれませんが、上昇して＋１σに向かうところは美味しい売り場です。上髭が伸びて＋１σをザラ場で上回る場合は、そこが一番美味しいポイントになります（高値で売れるため）。

Chapter 6　まとめ

- 日足だけでも利益になる
- トレンドの起点と調整の起点だけを見る
- ルール通りの利食いと損切りを徹底する
- 相場の流れに合わせてポジションを持つ

これを避ければ勝ちに近づく
チャート分析の間違い集

順張りと逆張りは常識だ！

　よく、プロは相場の流れに逆らわない「順張り」で勝負するが、素人は「逆張り」を好む傾向がある、という意見を見聞きすることがあります。順張りと逆張りは、しっかり理解しておかないと、大きな誤解のもとです。

順張りとは

　順張りと聞くと、漠然と「トレンド方向にポジションを持つこと」というイメージを持つ人が多いのではないでしょうか？

　しかし、トレンド方向にポジションを持つというのは、どういうことでしょうか。いつポジションを持てば、トレンド方向にポジションを持つことになるのでしょうか？

　トレンド方向というと何となくわかったような気になりますが、実際、トレンドを見極めることも、現在位置がトレンドの中のどこに位置しているかを把握することも、決して簡単なことではありません。「トレンドでポジションを持つ」とだけ説明しても、初心者は間違いを犯すだけだと思います。

　例えば上昇トレンド相場の場合です（**図7-1**）。まさに今上昇している中でポジションを持つのか、上昇トレンドを確認できたらいつでもポジションを持っても良いのか、トレンドの中の押し目でポジションを持つのか、力強く上昇している時でないとポジションを持たないのか。「上昇している時に買いポジションを持つ」と簡単に言いますが、それは高度な技術であり、考え方なのです。

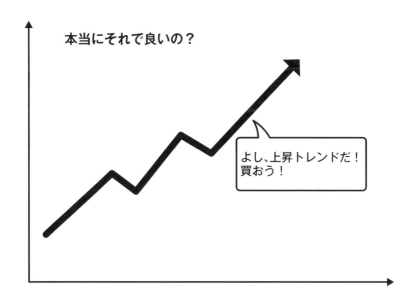

図7-1

　また、順張りは見る人の視点によっても変わります。日足で上昇して
いてポジションを持ちたい時、例えば4時間足での下落相場（調整相
場）を狙って、少しでも安く買おうとするのか。

　それは順張りなのでしょうか、それとも4時間足では逆張りではない
でしょうか。

　次のチャートをご覧ください。

　ドル／円の日足と4時間足を対比させています。

　大きな流れでは逆張り（**図7-2**）ですが、小さな流れでは順張り
（**図7-3**）です。

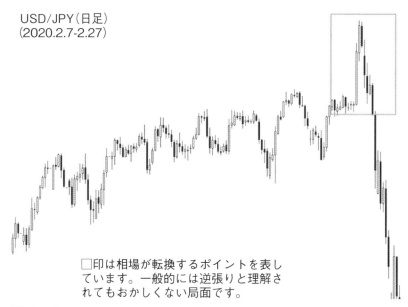

USD/JPY（日足）
（2020.2.7-2.27）

□印は相場が転換するポイントを表し
ています。一般的には逆張りと理解さ
れてもおかしくない局面です。

図7-2

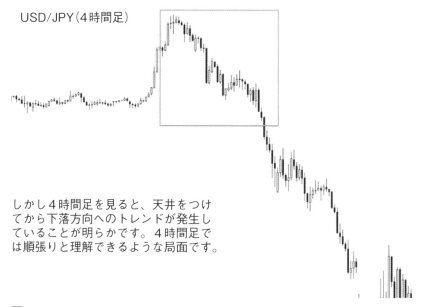

USD/JPY（4時間足）

しかし4時間足を見ると、天井をつけ
てから下落方向へのトレンドが発生し
ていることが明らかです。4時間足で
は順張りと理解できるような局面です。

図7-3

　また、もうひとつのチャートをご覧ください。

　ユーロ／ドルの日足と4時間足を対比させています。

　大きな流れでは逆張り（**図7－4**）ですが、小さな流れでは順張り（**図7－5**）ではないでしょうか。

　順張りと逆張りという言葉は、なるべく避けたほうが良いというのが私の意見です。

　なぜならその言葉を使う人によって意味するところが異なるので、混乱するだけだからです。要するに、定義がはっきりしていないのです。

　下落している真っ只中で、いつ底をつけるかの見通しも全くない中で買いを入れることを逆張りととらえている人が、「逆張りは良くない」と言うなら、私は100％同意します。

　しかし大きく下落して、達成感からの調整が始まった兆候がすでに出ているところを買うことを逆張りだと考えている人が、「逆張りは素人の考えだ」と言うなら、「何を言っているんだ」というのが私の感想です。

　順張りと逆張りという言葉は、定義されていない言葉の典型なので、ぜひ注意していただきたいと思います。

EUR/USD（日足）
（2020.2.18-2.25）

図7－4

EUR/USD（4時間足）

図7－5

勝てるテクニカル指標はこれだ！

　テクニカル分析を重視する人は、インジケータなどのテクニカル指標にこだわる傾向があります。いや、こだわらない人はかなりの少数派でしょう。

　テクニカル指標は、ポピュラーなものではボリンジャーバンド、移動平均線、一目均衡表、MACDから、マイナーなものではその数、数百、数千と存在しています。どのテクニカル指標が勝てるのか？　とテクニカルの聖杯探しをしている人が多いです。

　しかし「勝てるテクニカル指標」は存在しません。

　考えてもみてください。ゴルフを始めたばかりの人が、ゴルフ用品専門店に行って、「勝てるクラブを売ってください」と店員に言ったなら笑いものです。

　それと同じことを、FXでは平気でしている人がなんと多いことか。

　よく飛ぶのはこれですよ、曲がりにくいのはこれですよ、初心者にも使いやすいのはこれですよ、打感が気持ち良いのはこれですよ、バランスが良いのはこれですよ。

　そんなことは言えますが、「勝てるのはこれです」と言ったら詐欺になります。盾と矛の寓話ではないですが、同じ勝てるクラブを2人に渡して、その2人が勝負したら、どちらかが負けますから、それは嘘だったということになります。

　テクニカル指標はあくまで「道具」です。それを使う人にかかっていますし、道具を使いこなせるかどうかは、その人が基本を学び、ちゃんと練習するかどうかにかかっているのです。

　FXでもそれは同じで、テクニカルツールを使って勝てるようになるわけでは決してない。テクニカルツールを使いこなせるような実力を、まずはつけることが必要です。

指標は多ければ多いほど勝てる!?

　チャート上に表示させるテクニカル指標の数で、プロか素人かがわかるという人がいます。

　テクニカル指標をひとつだけないし2つだけ使っている人は、まだテクニカルを使いこなせない素人で、チャート上にテクニカル指標をたくさん表示させている人は、テクニカルを使いこなせるプロだという考えです。

　これは本末転倒も甚だしい議論だと私は思います。テクニカル指標をたくさん表示させるやり方がより高度だというのは、誤解です。「しっかり勝てる人がプロ、安定して勝てない人が素人」です。それ以外にプロと素人を分ける基準はありません。

　またテクニカルをたくさん使う人は、私の主観も多少入っているかもしれませんが、どちらかと言うと、相場を見抜く技術が足りない人です。

　本当の実力というのは、テクニカル指標をたくさん使いこなせるかどうかではなく、道具がなくても相場そのものを見抜くことができることを言います。

　本来なら、ローソク足チャートの値動きだけを観察して、相場の流れや売買ポイントがわかるのが、最も高度なチャート分析です。

　それが難しい場合、テクニカル指標の力を借ります。まずはひとつ、便利な道具としてのテクニカルの力を借りるのです。

　それでもまだ相場がわからない場合、テクニカル指標をもうひとつ、追加します。

　それでもまだ相場がわからない場合、テクニカル指標をさらにひとつ、追加します。

　それでもまだ相場が……という場合は、もう今の相場を分析するのは
難しいということなので、トレードそのものを見送ったほうが良いです。
　テクニカル指標は、あくまで補助的なものだということを忘れないよ
うにしたいものです。

　自転車に乗る人の中で、一番上手な人は次の中で誰でしょうか？

①補助輪を前輪にも後輪にもつけて、お母さんに押してもらうための手
　押し用の取っ手もつけている人
②補助輪を後輪につけている人
③補助輪なしで自転車に乗っている人
④車輪はひとつだけ、つまり一輪車に乗れる人

　答えは、考えるまでもなく④ですよね。
　私たちも、「テクニカル補助輪」をたくさん使うほうが高度だという
認識を捨てたほうが良いと思います。

トレンドに乗れば利益になる⁉

「トレンドを見分け、トレンドでポジションを持てば利益になる」という言説をよく見かけます。
「トレンドに乗る」とはそんな簡単なことなのでしょうか。

　トレンドに乗れば、誰でも利益になっているはずです。しかし「上昇トレンドだと思って買ったらそこが天井で、下落してしまった」という経験をしたことのある人は少なくないのではないでしょうか？

　トレンドに乗るためには、以下の3つのことをクリアする必要があります。

・**今が「トレンド」だとわかる**
・**トレンドが今後も続くと判断できる**
・**トレンドの強さがわかる**

　トレンドに乗るためには、まずはとにかく「今がトレンドだとわかる」必要があります。トレンドだとわかる。これは簡単なようで難しいことです。

　後付けで、過去のチャートを見て「ここはトレンドだった」と言うのは誰でもできますが、相場が動いている中で、トレンドだとわかるにはそれなりの訓練が必要です。

　初心者でもトレンドだとわかる頃には、トレンドはかなり進んでいて、トレンドが完成している場合も少なくないでしょう。

「誰が見てもトレンド」。その場合、大事なのは、トレンドがその先も続くかどうかということです。

　トレンドがまだ始まったばかりならともかく、トレンドがそんなに明

確なら、もう終わってしまってもおかしくないかもしれないのです。

　次に、トレンドが今後も続く可能性が高いと判断できるかどうかです。
トレンドが続く（まだ終わらない）ためには、どんな状況である必要が
あるのでしょうか？

　それを判断するためには高度なテクニカル分析が必要です。しかも、
テクニカル分析に100％はありませんから、あくまで可能性という話で
す。

　トレンドの強さについては、鶏と卵の議論になるかもしれません。
「トレンドが強いから上昇する」と聞けば納得しそうになりますが、本
当にそうなの？　という感じがしないでもありません。
「上昇しているからトレンドが強い」のではないでしょうか。まだ上昇
していない時に、トレンドが強いと言えるでしょうか。

　だとするならば、トレンドが強いから上昇するというのは、上昇して
いるからもっと上昇するだろうと言っているにすぎないのです。

　そうなると、「すでに大きく上昇している相場で買えば良い」という
ことになってしまいますが、相場はそんな単純なものではありません。

　すでに大きく上昇しているなら反動で下落するかもしれませんし（乖
離を埋める動き）、上昇し切ってあとは下落するだけなのかもしれませ
ん。

　もっと大きな上昇トレンドに育っていくか、それとも上昇トレンドが
終わったのかは、結局のところ誰にもわからないのです。

ファンダメンタルズ分析は必要!?

　チャート分析だけではトレードできない。ファンダメンタルズ分析（マクロ経済、産業動向、個別企業などの経済的基礎要因を基に分析すること）が必要だと考える人もいます。

　しかし、テクニカル分析だけでトレードはできます。むしろ、初心者から中級者の場合、テクニカル分析だけでトレードしたほうが勝ちやすい（利益を出しやすい）です。

　ファンダメンタルズ分析で相場の流れを読むことができるのは、一部の上級者かプロ中のプロだけです（ただし、プロ中のプロでもファンダメンタルズ分析で相場を読める人は皆無か、いたとしてもごくわずかです）。

　ファンダメンタルズ分析はそれほど難しいのです。

　ですからテクニカル分析だけでトレードしたほうが勝ちやすい。ファンダメンタルズ分析だけではほとんど勝てない、ということが言えます。

　では、「テクニカル分析とファンダメンタルズ分析の併用」はどうでしょうか?

　これが一番勝てそうな気がします。

　しかし、ここで見落としてはならない点があります。

　テクニカル分析とファンダメンタルズ分析を併用すると、判断の「エクスキューズ」になることが往々にしてあるということです。

　テクニカル分析では上昇したがっているように見える。しかし、ファンダメンタルズ分析ではその通貨を巡る環境は悪化している。さて、どうするか。

　なまじファンダメンタルズ分析をかじっているために、テクニカル分析の判断が中途半端になることがあります。

　互いが相反する指標を出している場合、どちらを信じたら良いのか、という思考になることもあります。

　そうなったらもう負けです。

　通常は、テクニカル分析を軸に考え、ファンダメンタルズ分析は補助的なものと考えておくのが無難です。

　それでも影響を受けて、判断できなくなってしまうかもしれません。やはりその場合ファンダメンタルズ分析は最初から考慮に入れないほうが勝ちやすくなるのです。

Chapter 7　まとめ

- 順張りと逆張りは定義があいまいだから参考にできない
- 勝てるテクニカル指標など存在しない
- テクニカル指標が多く複雑になれば判断も複雑になる
- トレンド相場でポジションを持てばいつでも勝てるわけではない
- ファンダメンタルズ分析は初心者～中級者のうちは参考にしないほうが良い

誰も教えてくれなかった
デモトレード活用法

デモトレードの必要性

　FX を学び始めてから、実際のトレードを開始するまで1年間あけることをお勧めしています。

　その理由は平均的な人で、勝てるようになるまで1年くらいかかるからです。

　当然個人差はありますし、学習のやり方によって早く上達したり、逆に時間がかかったりということはあります。しかし、標準で1年と考えておけば間違いはないと思います。

　その1年間は、デモトレードに取り組むことになります。

　学びながらデモトレードをすることには、メリットしかありません。私自身も、もし初心者の頃に戻れるなら、デモトレードで学び直したいと心から思います。

　自分のお金を使うリアルトレードを1年間は封印してデモトレードにすると、次のメリットがあります。

①腰を据えて学べる

　FX を勉強し始めたばかりの時から実際のトレードをするのは、百害あって一利なしです。

　学びながら、お金が増えたり減ったりするので（実際には減る確率のほうが圧倒的に高い）、学びに身が入りません。

　お金が増えると自分を過信して基本をスキップしたくなり、お金が減ると「この方法は間違っているのではないか」といろいろな手法を試したくなります。

　土台がつくられず、ひとつの方法をしっかり学ぶことをせずいろいろな手法に手を出すので技術の積み上げもできません。

　恐ろしいことですが、1年たっても初心者のままです。スマホでネットサーフィンを1年間やっていたようなイメージでしょうか。

②ひとつのトレード手法を極められる

　デモトレードに取り組めば、お金の増減に追われることがないので、学びに集中できます。

　いろいろな手法に手を出すのではなく、まずはひとつのことを身につけることが勝てるようになる秘訣です。ひとつのことにじっくり取り組めるのは、デモトレードだからです。

　思えば、「聖杯探し」と呼ばれる手法やテクニカル指標の浮気癖は、入門者や初心者の頃にすでについてしまった人が多いのではないでしょうか。最初に身につけた悪癖を、矯正することはなかなか難しいです。

　例えば、語学では大人の場合は、まずひとつの言語を学び、習得することが多言語を使える人になる近道です。

　ひとつの言語をある程度マスターしたら、次の言語を学ぶ。その言語もマスターしたらその次。ひとつの言語を身につけるためにかかる時間はどんどん短縮されていきます。

　しかし、ひとつの言葉も満足に使えるようになっていない段階から、あれもこれもと次々に新しい言語を同時に学び、また乗り換えていたら、結局時間だけ過ぎて何も身につかなかった……ということにもなりかねません。

　トレードでも同じで、まずはひとつのことを学びきるべきです。

③お金が増える

　FXの勉強を始めると同時にトレードも始めてしまうとお金が減っていくのは上述の通りです。

　デモトレードに1年間取り組むと、お金が減らないばかりか、増やすこともできます。トレードで増やすのではなく、他の手段で増やすのです。

「給料から証拠金を少しずつ積み立てる」「臨時収入を証拠金に入れる」などの方法で証拠金を増やせます。

　右から左に流しただけでお金そのものは増えていないと思う人もいるかもしれませんが、減らないということは増えるということなのです。

　お金を減らさず、逆にお金が増えた状態でトレードを始められることの優位性を次にまとめてみました。

　このことが驚くほどの違いを生み出します。

勝てるようになってトレード開始

　まず、次の３つの図をご覧ください。

　これらの図は、自分の資金を投入してトレードを始めるタイミング別の、資金増加曲線を表しています。

　すべて、最初は200万円の資金から始めたとします。

①学び始めると同時にリアルトレードを始めた場合（図８－１）

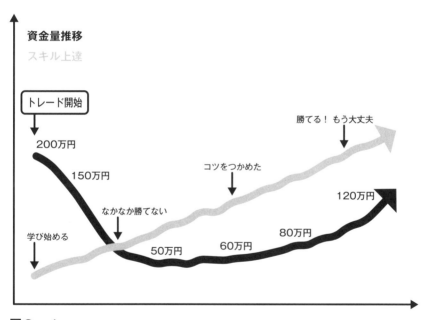

図８－１

①の場合、当然ながら最初は勝てないので、どんどん資金は減っていきます。「これはいけそうだ！」と手ごたえを感じる頃には、もう証拠金は底を尽きかけています。

　学んだあとにはしっかり勝てるようになりましたが、せっかく勝てているのに証拠金が少ないために利益も小さいです。

　勝っているにもかかわらず、勝っているという手ごたえがあまり感じられないでしょう。また、減った証拠金を最初の証拠金額に戻すのにも大きな苦労をします。

　このように、勝てる前に証拠金が減ってしまうことのもっと大きな弊害が存在します。

　なまじ勝てるようになったために、これまで損してきた分を取り戻そうと、どこかでハイレバレッジの取引に手を出してしまう可能性があることです。ハイレバレッジの取引が常態化すると、勝てるものも勝てなくなります。その人が市場から退場する日は遠くないことでしょう。

②コツをつかむ前にリアルトレードを始めた場合（図8-2）

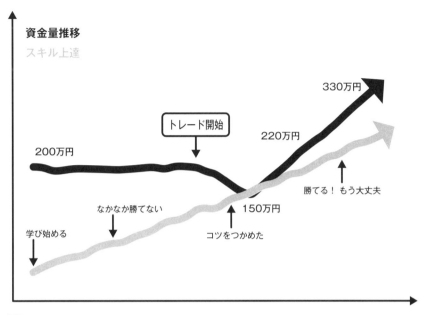

図8-2

　②の場合、学びたての時期はトレードでお金を使いません。ですから
ビギナーで大きく負けることは避けられました。

　しかし、勝てるコツをつかむまで我慢できず、証拠金を投入してしま
いました。幸い、証拠金が少し減ったところから勝てるようになり、利
益を出せるようになりました。

　証拠金額も増えていきますが、まだ勝てていない時にトレードを始め
たことが悔やまれます。

③勝てる手ごたえを得てからリアルトレードを始めた場合（図 8－3）

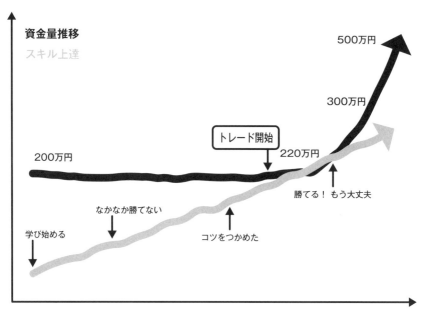

図8－3

　③の場合、学び始めて間もない頃はもちろん、まだ勝てる自信がない段階では自分の証拠金をトレードに投入しません。証拠金を投入するのは勝てるようになってからと心に決めています。

　初心者の頃にお金を失わなかったのが幸いしました。勝てるようになってからのスタート地点で、満額の200万円を使えます。

　学び続け、スキルも上達していくので、証拠金はどんどん増えていきます。

　③ではトレードを始めるまで証拠金額は200万のまま増減なしですが、実際にはトレードを開始する時期を遅らせれば遅らせるほど、トレードを始める時点での証拠金は大きくなります。

　デモトレードの期間中、証拠金を積み増すことができるからです。

　1年間で100万円貯められる人なら、1年後勝てる状態になった時に、300万円の証拠金からスタートすることもできます。これは絶対的に有利な状態です。

　この状態の人たちは、「これまで損した分を取り戻そう」と思う必要がないので、無理をしません。また、証拠金が増えているので、心の余裕が無駄なトレードを減らし、レバレッジも上げなくて良いので自分の勝ちパターン通りのトレードができます。

　1年間デモトレードをする決意をするだけで、トレードでの生涯収益は何倍、何十倍も変わってくるというのが私の肌感覚です。

　学び始めてしばらくの期間は、トレードで証拠金を減らすのではなく、逆に預金しながら証拠金を増やすのです。

「トレードではなく預金でFXの証拠金を増やす！」

　カッコ悪いですか？　私はカッコいいと思います。

　これが勝てるトレーダーのあり方です。

　デモトレードで勝てるようになってから、自分のお金でトレードするようにしてください。

勝つ人はデモトレードを活用する

　私の友人で、相場歴35年以上のトレーダーがいます。その方のトレード成績は素晴らしいのですが、今でもデモトレードを取り入れています。

　気になったことがあったらデモトレード。新しいことを試したくなったらデモトレードです。自分の大切なお金を、決して勝てるかどうかもわからないギャンブルにつぎ込みません。

　鹿子木式トレードを実践している方々で、勝っている方たちは、やはりデモトレードに取り組んでいます。

　Twitterを見ていると、「デモトレードで金を買ってみよう」「こんな相場環境だから、まずデモで売ってみよう」などというツイートが流れてきたりします。デモトレードが生活の一部分になっている感覚です。

　しかし、デモトレードを馬鹿にする人も中にはいます。「本気になれない」「デモなんて勝てて当たり前」（勝てて当たり前なら、なぜデモをしないのかと思いますが……）などの理由をつける人が多いです。

　デモトレードは初心者だけ、デモトレードではいつまでたっても上達しないと考える人は、自分で考えてそのような結論に至ったのではなく、情報に踊らされている可能性も高いです。

　デモトレードばかりされていたら儲からない人たちもたくさんいます。このあたりは情報リテラシーの問題になってくると思います。

　私が言いたいのは、デモトレード自体が大事だということではなくて、お金を稼ぐことが大事なのであって、そのために有利になるならデモトレードを活用しなければ損だということです。

Chapter 8　まとめ

- ●トレード開始まで１年あける
- ●勝てるようになってからトレードを始める
- ●勝っている人ほどデモトレードを活用している

あとがき

　最後までお読みいただきありがとうございました。

　本書では、FXトレードで収入を得るための学び方、チャート分析の方法、そして勝ちパターンに絞って、大切なことをお伝えしてきました。

　勝てる方法に初心者用の方法もプロ用の方法もありません。初心者の方もプロに勝てる、プロの方も本質に立ち戻れる、そんな本にしたいと思いました。

　投資の方法で最も価値のあるものは、「シンプルさ」「再現性」「普遍性」の3つの要素を兼ね備えたノウハウです。

　本書で私は、でき得る限り、この3つの条件を満たすことだけを書いたつもりです。

　複雑なスキームは誰にでも考案できます。才能や職人技で優れた結果を出している人は多くいます。くり返し現れては消える、特定の時代や相場にしか通用しない手法はごまんとあります。

　「シンプルさ」「再現性」「普遍性」。これこそ、投資の世界だけでなく、ますます生き残ることが難しくなっていくこれからの時代に必要な思考と生き方だと私は考えています。

　特にコロナ後には、現実問題として収入を増やしたり、複数の収入源を持ったりする必要性は高まるばかりだと思います。その変化の中で足をすくわれないためにも、ぶれない明確な基準があると助けになります。

　「ボリンジャーバンドだけで勝てるはずがない」と言われ続けていますが、より「高度な」テクニカル指標を駆使して検証をくり返しているトレーダーたちが苦戦しているのを横目に、私どものコミュニティメンバーたちは1日30分程度のトレードでシンプルに利益を出しています。それが真実を物語っていると思います。

　さて、本書の読者だけを対象に、全6回の解説動画を無料特典として
ご用意させていただきました。実際に動いている相場で、どのように勝
ちパターン1と2を使って利益を出していけば良いのかを体得していた
だけると思います。
　ご希望の方は下記の QR コードから解説動画をご視聴ください。

鹿子木　健

〈無料特典〉全6回解説動画

用　語　解　説

ロスカット

一定の損失が出た段階で決済して損失を確定させること。損切りとも言います。FX
会社によって強制的に決済される仕組みのことを強制ロスカットと言います。

チャート

相場の値動きをグラフで表したもの。時間の取り方により、月足、週足、日足、4
時間足、1時間足などがあります。

テクニカル分析

過去の値動きからトレンドやパターンなどを把握し、今後の株価や為替動向を予想
すること。

ファンダメンタルズ分析

景気動向、金融政策、財政政策などが市場にどのような影響を及ぼすかを分析する
こと。また、企業の財務分析のこと。

通貨ペア

取引をする通貨の組み合わせのこと。右の通貨を使って左の通貨を買うことを表して
います（例：ドル / 円の場合、日本円で米ドルを買うこと）。

レバレッジ

預け入れる資金の数倍～数十倍の金額の取引を可能にした仕組のこと。

証拠金

担保のようなもの。必要証拠金は、ポジションを取るためにその取引額に比例して
最低必要な預託金のこと。

外国為替市場

円やドルなどの異なる通貨を交換（売買）する場所のこと。実際には具体的な場所が
あるわけではなく、売買される状態のことを「市場」と言います。

ポジション

取引を開始し、まだ決済していない状態のこと。建玉とも言います。

利食い

購入した価格より値上がりして利益が出ている時点で売却し、利益を確定すること。

スワップポイント
2通貨の金利差から得られる利益のこと。

スプレッド
売値と買値の差のこと。

両建て
同じ通貨ペアの「売り」と「買い」の両方のポジションを同時に持つこと。

スキャルピング
数秒〜数分という短期間で完結させる取引手法のこと。

デイトレード
売買を1日で完結させる取引手法のこと。

スイングトレード
1日から数週間、または数ヶ月の期間で、ある程度広めの値幅を狙う取引手法のこと。

長期投資
数週間から数ヶ月または数年単位にわたってポジションを持ち続ける取引手法のこと。

トレンド
相場の流れのこと。相場が上向きなら「上昇トレンド」、下向きなら「下落トレンド」と言います。「下落トレンド」は「下降トレンド」と呼ぶこともあります。

約定
注文した取引（売買）が成立すること。

成行注文
売買を行う時に、価格を指定せずにその場で注文すること。

指値注文
希望する売買価格を指定して注文すること。

逆指値注文
買いは「ある価格以上になったら買い」、売りは「ある価格以下になったら売り」という注文方法。

レンジ相場

相場が一定の幅で均衡している状態のこと。ボックス相場とも言われます。

始値（はじめね）

取引時間や取引期間において、取引が開始した時の価格のこと。

終値（おわりね）

取引時間や取引期間において、取引が終了した時の価格のこと。

高値（たかね）

特定の期間の中で取引された最も高い価格のこと。

安値（やすね）

特定の期間の中で取引された最も安い価格のこと。

四本値（よんほんね）

始値、終値、高値、安値の4つの価格のこと。四本値をひとつにまとめて表したものが、ローソク足です。ローソク足が白いもの（陽線）は価格が上昇して終わったもの、黒いもの（陰線）は下落して終わったものです。

押し目（おしめ）

上昇傾向にある相場が一時的に下がること。上昇傾向の相場が一時的に下がってきた時に買うことを「押し目買い」、下落傾向の相場が一時的に上がってきた際に売ることを「戻り売り」と言います。

サポートライン（支持線）／レジスタンスライン（抵抗線）

サポートラインは安値に引かれた水平線または斜めの線のこと、レジスタンスラインは高値に引かれた水平線または斜めの線のこと。

トレンドライン

値動きの傾向をわかりやすくするためにチャート上に引いた補助線のこと。

節目

相場が上昇したり下降しそうになる転換点のこと。

順張り／逆張り

順張りは上昇相場の時に買い、下降相場の時に売りの取引を行うこと。逆張りは上昇相場の時に売り、下降相場相場の時に買いの取引をすること。

INDEX 索 引

【著者紹介】

鹿子木 健（かなこぎ・けん）

株式会社メデュ代表取締役

お金を扱う能力を高めるための普遍的な知恵を伝えることがライフワーク。2004 年から個人投資家として投資活動を始めた。投資全般に精通しているが、不動産投資と外国為替証拠金取引（FX）が得意分野。2014 年から関東財務局登録の投資助言者として 4 年間、数千人の個人投資家に対し FX 投資助言を行い、自身の全トレードをリアルタイムで公開。現在、FX 投資家のコミュニティ「SOPHIA FX®」を運営している。エッジの効いたチャートパターンと勝てる行動パターンを組み合わせた「勝ちパターン」を提唱し、「鹿子木式 10 の勝ちパターン」としてまとめ、発信している。著書に『一週間でマスター FX 入門 なぜ鹿子木式は銀行預金より安全で不動産投資より稼ぐのか？』（雷鳥社）、『サラリーマンでも 1 年で 1000 万稼ぐ副業 FX』（ぱる出版）、『勝てない原因はトレード手法ではなかった ＦＸで勝つための資金管理の技術 損失を最小化し、利益を最大化するための行動理論』（共著／パンローリング株式会社）などがある。代表を務める株式会社メデュは 2020 年 4 月に近畿財務局に金融商品取引業（投資助言・代理業）の登録申請済み。登録完了後は、FX 投資助言サービス及び勝ちパターンシグナル配信関連サービスを開始の予定。

株式会社メデュ
https://medu.biz/

＊本書に記載した情報や意見によって読者に発生した損害や損失については、著者、発行者、発行所は一切責任を負いません。投資における最終決定はご自身の判断で行ってください。

視覚障害その他の理由で活字のままでこの本を利用出来ない人のために、営利を目的とする場合を除き「録音図書」「点字図書」「拡大図書」等の製作をすることを認めます。その際は著作権者、または、出版社までご連絡ください。

初心者からプロまで一生使える
FXチャート分析の教科書

2020 年 6 月 21 日　　初版発行
2021 年 7 月 21 日　　2 刷発行

著　者　鹿子木 健
発行者　野村直克
発行所　総合法令出版株式会社
　　　　〒 103-0001　東京都中央区日本橋小伝馬町 15-18
　　　　EDGE 小伝馬町ビル 9 階
　　　　電話 03-5623-5121（代）

印刷・製本　中央精版印刷株式会社

総合法令出版ホームページ　http://www.horei.com/